Alois Carigiet

Hans Neuburg

Alois Carigiet

Mit autobiografischen Aufzeichnungen des Malers

ABC Verlag Zürich

Fotonachweis
Pius Condrau, Disentis
Foto Geiger, Flims
Hansjörg Volkart, Zürich

© 1977 by ABC Verlag Zürich
ISBN 3-85504-050-8
Grafische Gestaltung Hans Rudolf Ziegler
Verlegerische Gesamtleitung Konrad Baumann
Fotolithos Cliché + Litho AG, Zürich
Gesamtherstellung Offset + Buchdruck AG, Zürich
Printed in Switzerland

Inhalt

11 Zu diesem Buch
21 Erwägungen zu einem Sonderfall
29 Problematischer Erfolg und neuer Brückenschlag
37 Vom Werden des Malers
50 Stil und Technik
61 Seine Farben
63 Der Zeichner A.C.
69 Die Themen- und Motivbereiche
84 Die Wandmalerei
93 Die Lithografien
96 Wesen und Bedeutung seiner Kunst
133 Der Facettenspiegel. Ein Lebensabriss von A.C.
157 Anhang

Das Kunstschaffen von Alois Carigiet wurde auf meine
Anregung im Frühjahr 1948 im Kunstmuseum Solothurn erstmals
einer breiteren Öffentlichkeit gezeigt. An der Eröffnung nahmen
bedeutende Maler wie Cuno Amiet und Louis Moilliet teil.
    Diese Ausstellung war ein grosser Erfolg. Das Museum erwarb
einige Bilder, die sich heute noch in ihren Räumen befinden.
    Den weiteren Entwicklungsweg von Alois Carigiet konnte
ich im einzelnen nicht immer mitverfolgen. Ich bin aber überzeugt,
dass sich seine Malerei weiterhin fruchtbar entfaltet und in dieser
Monografie positiv in Erscheinung tritt.

Solothurn, August 1976   Josef Müller

Auf Columbusschiffen nach fernen Welten
fuhr ich nicht.
Meine Arbeit lässt sich vielmehr vergleichen mit
derjenigen eines Küstenfahrzeuges, das Brot und
Wein von Hafen zu Hafen verfrachtet.
Wohl bin ich stets wachen Sinnes auf dem Ausbug,
Umschau und Ausschau haltend, doch die Kraft meines Herzens
gehört den einfachen, den nahen Dingen des Lebens.

Alois Carigiet

Zu diesem Buch

Über Alois Carigiet, den auf zahlreichen bildnerischen Gebieten erfolgreichen Künstler, ist schon eine Reihe von Publikationen erschienen. Die Herausgabe der vorliegenden Monografie entstand aus dem Bedürfnis heraus, vor allem das Schaffen *des Malers* unter Berücksichtigung seiner besonderen Entwicklung so zu würdigen, dass der an eine naturverbundene Gegenständlichkeit glaubende Kunstfreund die Werte im künstlerischen Schaffen Carigiets aufs neue erkennt.

Für Autor und Verleger war ausschlaggebend, Carigiets Malerei den Platz in der Schweizer Kunst zuzuweisen, der ihr gebührt. Darüber gibt das Schlusskapitel der kunstkritischen Würdigung erschöpfend Auskunft, es dient einer Klärung auf dem Gebiet der heutigen Kunstszene. Nicht nur glauben wir an die Echtheit von Carigiets künstlerischem Wirken, sondern wir sind auch überzeugt, dass ihm mit seiner spontanen und lebensbejahenden Schilderungsfreude das Prädikat eines bedeutsamen Schweizer Malers im Bereich der Gegenständlichkeit zukommt.

Aufgrund seiner erfolgreichen «grafischen Vergangenheit» wurde ihm das Schicksal zuteil, dass seine Malerei allzu häufig an ihrer Motivzugewandtheit gemessen wird. Wir sind der festen Ansicht und möchten sie mit dem Bildmaterial dieses Buches begründen, dass sich bei einem Künstler von Alois Carigiets Format die Einheit der Thematik und künstlerischen Übersetzung nachweisen lässt. Sein Werk legitimiert ihn als einen Gestalter, der die Freuden des Lebens und die edlen Dinge preist, als Meister auch eines souverän beherrschten und leidenschaftlich ausgeübten Handwerks. Das Naturgeschehen, auf das er niemals verzichten kann, inspiriert ihn zu seinen zeichnerischen und malerischen Ideen; doch gibt er ihnen erst in der Klause seines Truner Ateliers

«Flutginas» Form, Linie, Kraft und Farbe. Hier entwickelt sich der eigentliche Gestaltungsprozess, hier befreit er sich von den verlockenden Einzelheiten, denen er auf Schritt und Tritt im Freien begegnet. Vielfach bedarf er nur skizzenhafter Andeutungen, um mit der ihm in reichem Mass zur Verfügung stehenden Vorstellungskraft das Geschaute zu fantasievollen Kompositionen zu verarbeiten, die sich nicht mehr an die mittelbare Naturanschauung anlehnen. Es zeichnet sich in letzter Zeit deutlich ab, dass die von Carigiet ausgeübte, gegenstandsbezogene Kunst heute starken Zweifeln ausgesetzt ist, umso mehr, wenn sie wie bei ihm mit unspekulativer Begeisterung für werkverbundene Malmaterie gehandhabt wird. Carigiet ist sich der Tatsache durchaus bewusst, dass der allgemeine Trend vorherrscht, bildnerische Werke auf die Ebene reiner Geistigkeit zu verlagern. Aus diesem Grunde stand er anfänglich dem Plan dieses editorischen Vorhabens skeptisch gegenüber, obwohl er wusste, dass seine Malerei heute noch viele Anhänger und Freunde hat. Nachdem er aber die ursprünglichen Bedenken überwunden hatte, willigte er mit wachsender Anteilnahme ein, seinen eigenen tätigen Beitrag für dieses Buchprojekt zu leisten. Nicht nur half er uns bei der kritischen Sichtung des Bildmaterials, er stand uns auch für die Entwicklungsgeschichte, die Biografie und Bibliografie zur Seite und verfasste persönliche Betrachtungen.

Diese Monografie soll spürbar machen, dass Alois Carigiet die erlebten Wunder der Natur allen jenen vermitteln möchte, die willens sind, sie als Quelle des Genusses und der Entspannung zu empfinden. Carigiets Malerei kommt aus der Liebe zum Schönen; er bejaht diese Welt und ihre unzerstörbaren Werte, den inneren und äusseren Reichtum ihrer Erscheinungen, und er bejaht das alles in einer trotzigen Auflehnung gegenüber dem Unrecht und der Not, die auf dieser Erde nicht zu leugnen sind.

13
Schneeschmelze in Platenga, 1952
Öl, 75 × 90 cm
Privatbesitz

Bei Carigiet beeindruckt die grosse, im folgenden Abschnitt näher definierte Vielseitigkeit der zeichnerischen, malerischen und thematischen Bereiche, und zwar in einem Ausmass, das hierzulande einzigartig sein dürfte. Dies ist umso höher einzuschätzen, als er nach Überwindung der werbegrafischen Tätigkeit zum Maler heranreifen musste. In einem späteren Kapitel wird der Nachweis erbracht, dass seine früheren zweckgerichteten Gestaltungen Entwicklungsphasen auf dem Weg zur freien Kunst darstellen.

Die künstlerische Laufbahn Alois Carigiets gliedert sich in zwei Abschnitte. Es handelt sich um das grafisch-gestalterische Schaffen von 1923 bis 1939 und die Zeit danach, als er sich im bündnerischen Obersaxen (Platenga) zum Maler wandelte. In jener Einsamkeit legte er den Grundstein zu seiner Kunst der Tafelmalerei, die sich in einer kaum übersehbaren Reihe von Bleistiftzeichnungen, aquarellierten Zeichnungen, Lithografien und Ölgemälden bis in unsere Tage fortsetzt. Er hat mit seinen künstlerischen Arbeiten die Geschichte der symbolischen Gegenstandsmalerei unseres Landes wesentlich bereichert. Bis in die letzten Jahre wusste er seinen Stil zu entwickeln und zu differenzieren.

Längst hat er das zweckbetonte, grafische Gestalten überwunden. Es bedurfte eines starken Selbstvertrauens und tiefen Glaubens an seine künstlerischen Fähigkeiten, sämtlichen früheren Erfolgen abzuschwören. Als Autodidakt hat er sich ein breitangelegtes Weltbild und einen weiten malerischen Horizont erworben.

Solche Leistungen, die im Verlauf von hart erkämpften Wandlungen heranreiften, kann nur ein Künstler vollbringen, der jedes neue Werk als schöpferischen Versuch empfindet, ihn in Frage stellt und sich lediglich mit Lösungen zufrieden gibt, die

15
Das Schlafzimmer, 1947
Öl, ca. 40 × 50 cm
Privatbesitz

nicht allein aussergewöhnlicher Begabung zu verdanken sind, sondern auf einer Überwindung des aus der Naturanschauung gewonnenen Abbildes beruhen. Er erklärt sich nie mit der Wiedergabe visueller Eindrücke zufrieden, sondern trachtet danach, das Motiv umzusetzen, mit formaler und farblicher Spannung aufzuladen. Er ist gesonnen, jedes neue Werk erst dann mit dem zum Signum gewordenen A.C. zu versehen, wenn er von der Überzeugung durchdrungen sein kann, die besten ihm zur Verfügung stehenden gestalterischen Kräfte eingesetzt zu haben.

17
Die Schneehühner, 1971
Öl, ca. 40 × 45 cm
Privatbesitz

19
Volière, 1969
Öl, ca. 70 × 90 cm
Privatbesitz

Erwägungen zu einem Sonderfall

Die Wandlung vom erfolgreichen grafischen Schaffen zum freien Künstlertum haben besonders in jüngster Zeit viele andere vollzogen; doch weist die Entwicklung Carigiets dermassen zahlreiche Spielarten auf, dass man seine Laufbahn ohne Übertreibung als Sonderfall bezeichnen kann.

Die Popularität des Grafikers und Malers ist unbestritten. Sein Bekanntheitsgrad beruht, abgesehen von der Malerei, auf seinen grossen Erfolgen als Schöpfer weltberühmter und in mehrere Sprachen übersetzter Kinderbücher und auf seinem lithografischen Œuvre, das Tausenden von Kunstfreunden Gelegenheit bietet, zu verhältnismässig günstigen Preisen liebgewordene Blätter zu erwerben. Alois Carigiet hat aber auch das Cabaret «Cornichon» mitbegründet und für dessen Aufführungen Bühnenbilder geschaffen. Er wurde für seine von der Schweizerischen Verkehrszentrale herausgegebene Serie der Pastelle von Landschafts- und Städtebildern unseres Landes bekannt. Auch sie fanden als Reproduktionen starke Verbreitung. Nicht zu reden von der Epoche vor dem Zweiten Weltkrieg, als seine Plakate dazu beitrugen, den Ruf der Schweizer Grafik weltweit zu besiegeln. Auch als Wandbildner und freier Maler wusste sich Carigiet überzeugend durchzusetzen. Seine Verbundenheit zu volkstümlichen, sogenannten folkloristischen Motiven ist oft gewürdigt worden. Ihm wurde aber dabei zum Verhängnis, dass viele seiner Beobachter und Verehrer die von ihm nach schweren inneren Kämpfen vorgenommene Trennung zwischen der zweckgebundenen, also grafischen, und der freien, rein malerischen Kunst nicht akzeptieren können. Manche wohlmeinende Interpreten vermögen z.B. die Diskrepanz zwischen Plakat, Kinderbuch und Malerei nicht zu erkennen. Sie spielen die auf allen

20
Der Falke, 1971, Öl
ca. 40 × 45 cm
Privatbesitz

Gebieten stupenden gestalterischen, zeichnerischen und farblichen Fähgkeiten gegeneinander aus und geben sich nicht darüber Rechenschaft, wie stark Carigiet sich gewandelt hat, als er zum Maler wurde. Er selber empfindet diesen Form- und Stilwechsel so stark, dass er der Malerei die absolute Priorität in seinem vielseitigen Schaffensbereich einräumt. Der zeichnerisch und fantasiebegabte Künstler hatte schon in frühester Jugend den einzigen grossen Wunsch, seinen inneren und äusseren Erlebnissen Ausdruck zu geben. Als er dann nach den Churer Jahren in Zürich Fuss fasste und bald ein gesuchter, erfolgreicher Grafiker wurde, schienen zunächst die geheimsten Hoffnungen in Erfüllung zu gehen. Aber dann kam die Zeit, da er seinen grafischen Beruf als unbefriedigend und schal empfand. Die Arbeit als Grafiker liess sich nicht ohne weiteres in ein freies Künstlertum überleiten. Es bedurfte vermutlich der inneren Stauung, um den Orkan der Befreiung mit um so elementarerer Wucht losbrechen zu lassen. Zunächst aber sah sich Carigiet in einem fast unerträglichen Dilemma, ob seine Fähigkeiten überhaupt genügen würden, um sich als freie Künstlerexistenz behaupten zu können. Dieser Zustand führte zu innerer Gespaltenheit und Zerrissenheit. Es ist in der Rückschau erstaunlich, dass der beliebte Gebrauchsgrafiker die Energie und den Mut aufbrachte, die Brücken hinter einer gesicherten Existenz abzubrechen und sich einem ungleich schwereren, verantwortungsvolleren, freilich vielversprechenden Metier zuzuwenden.

    Um das Bild von Alois Carigiets Sonderstellung als freier Künstler abzurunden, sei nochmals mit allem Nachdruck auf die vielseitigen und für manche Deuter seines Schaffens als leichthändige Virtuosität apostrophierten darstellerischen Fähigkeiten hingewiesen. Es dürfte einzigartig für schweizerische Verhältnisse sein, dass ein so aussergewöhnlich begabter Künstler heute noch mit dem Odium seiner einstigen grafischen Tätigkeit belastet ist. Was anderen Malern, z.B. Carlos Duss, Richard P. Lohse, Albert Rüegg, Carlo Vivarelli, Nelly Rudin, die wie Carigiet früher auf grafischem Gebiet tätig waren, als positive Entwicklung nachgerühmt wird, legt man Carigiet allzuoft zur Last.

Wer Max Gublers malerisches Wirken in bezug auf die kraftvolle fauvistische Manier mit derjenigen von Carigiet vergleicht, ist vielleicht versucht festzustellen, dass Gubler sich seine Werke unter offensichlich dramatischeren Umständen und mit

grösserer Unerbittlichkeit abgerungen habe, als dies bei Carigiet je der Fall war. Bei einer solchen einseitigen Gegenüberstellung wird indessen übersehen, dass auch der Bündner Künstler mit seinen malerischen Darstellungen bis zur Erschöpfung ringt, dass ihm deren Vollendung viel härtere Zerreissproben auferlegt, als es im Blick auf seine vorwiegend heitere Motivwelt und aufgrund der malerischen Beschwingtheit den Anschein macht. In diesem Zusammenhang soll an Carigiets zum Teil ernste Themen erinnert werden. Man darf ihm die sichere Hand nicht vorwerfen, und es wäre fahrlässig, daraus voreilige Schlüsse zu ziehen. In Wahrheit können seine scheinbar leicht formulierten Bilder nur durch den vollen Einsatz aller seelischen, moralischen und physischen Kräfte entstehen. Sie sind in den letzten Jahren einem kranken Körper abgerungen; zugleich aber ist für ihn die Malerei zu einer Therapie starker körperlicher Schmerzen geworden! Es kann nicht genug darauf hingewiesen werden, dass Alois Carigiet, aus eigenem Vermögen, d.h. als Autodidakt, künstlerische Werke frei von jeder Anlehnung schuf. Er hat sich zeitlebens auf seine Eingebungen verlassen. Nie eiferte er einem Vorbild nach, und vor allem hat er sich gegen jedes epigonale Gestalten zur Wehr gesetzt.

Es ist nicht leicht, gültige Kriterien für Carigiets Malerei zu finden. Wer hält sich für befugt, Massstäbe im Bereich einer so «greifbaren» Kunst zu setzen? Es ist im Gegensatz zu abstrakter Kunst einfach, Bilder von Carigiets Art zu analysieren. Im übrigen wird ein ausgesprochen gesellschaftskritisch Wertender zu völlig anderen Schlussfolgerungen gelangen als jener, dem der stimmungsmässige Ausdruck und die rein malerischen Qualitäten eines Bildes mehr bedeuten. Während Carigiets Malerei aufgrund von Motiv, Gesamtanlage, Form und Farbe nachprüfbare Anhaltspunkte bietet, dürfte dies bei der abstrakten Kunst bedeutend schwerer sein.

25
Grundsteinlegung, 1971
Öl, 152 × 172 cm
Privatbesitz

26
Zerfallender Gaden, 1976
Öl, ca. 55 × 90 cm
Privatbesitz

27
Der Gaden, 1970
Öl, ca. 40 × 60 cm
Privatbesitz

Problematischer Erfolg und neuer Brückenschlag

Alois Carigiet hat es mehr als anderthalb Jahrzehnte in seiner Zürcher Tätigkeit ausgehalten. Die aus seinen grossen Erfolgen erwachsene anfängliche Euphorie wich immer mehr einer inneren Unruhe. Einerseits genoss er das Leben, zum Beispiel durch Teilnahme an Künstler-Maskenbällen, an denen er jahrelang mit Harlekins und anderem Mummenschanz Preise gewann. Je länger, je mehr begann er, trotz oder wegen seiner steigenden Beliebtheit und dem wachsenden Ruhm am inneren Wert seines Berufs und dem gesellschaftlichen Leben zu zweifeln. Immer stärker wurde er daran irre, ob seine Tätigkeit sich mit den insgeheim in ihm schlummernden Ambitionen vereinen liesse.

Der Künstler selbst ist für jene Zeit und die des darauf folgenden Umbruchs sein eigener überzeugender Kritiker. So schrieb er: «Ich zeichnete Inserate und Prospekte, entwarf Schaufensterdekors und Ausstellungsstände – ich machte überhaupt allerhand nützliche Dinge, nur die Worte ‹Kunst› und ‹Künstler› mussten auf unabsehbare Zeit aus meinem Wortschatz gestrichen werden. Ich merkte nämlich bald, dass der Weg für mich, ohne die geringste Ermunterung von aussen, ein mühsamer werden würde – und er wurde es. Lange behielt mich der Beruf, mich immer mehr in sein Netz verstrickend. Diese Jahre, anfangs ein blindes Tasten, ein Abstreifen von Illusionen, wurden – mit Ausnahme von einigen Lichtblicken – bald ein Irregehen, ein Abgleiten auf die Bahn der Routine, ein Weg ins Leere. Am Ende hatte ich nachgerade das Gefühl, ich ersticke im Sumpf. Zwar fand ich Ausweichmöglichkeiten auf dem Weg ins Weite, über die Grenzen unseres Landes. Es sind dies meine Studienreisen. Doch blieb mir, ich gestehe es, auch in diesem Bemühen ein Resultat so lange verwehrt, als meine Arbeit sich in der angewandten, kommerziellen Sphäre bewegte.

28
Kapelle von Laus, 1976
Öl, 70 × 90 cm

30
Trin, 1966
Öl, ca. 60 × 90 cm
Privatbesitz

31
St. Benedetg, 1966
Öl, ca. 60 × 90 cm
Privatbesitz

Dann fand ich Platenga! Auf einer Tour von Trun aus, wo ich nach den Strapazen der Vorarbeit zur Landesausstellung 1939 einige Ferientage verbrachte, betrat ich am 20.Mai 1939 zum erstenmal die Terrassen von Obersaxen. Die Weite und Unberührtheit dieser Landschaft faszinierte mich augenblicklich. Die Idylle der verstreuten Höfe, die damals noch, ich möchte sagen den Schlaf der Jahrhunderte schliefen, sprach mich unmittelbar an und erweckte in mir spontan das Gefühl eines längst verlorenen und nun wiedergefundenen Paradieses. Da war rechter Hand am Wege, der mich von Neukirch herführte, der kleine Birkenhügel, dessen weisse Stämme mir von weitem winkten – da war der kleine Bach und da war die Quelle, die den ausgehöhlten Baumstamm füllte. Da war das Mädchen mit dem Wasserkessel, dessen feuerrotes Kopftuch sich im Quelltrog spiegelte, und da war ein niederes, von der Sonne pechschwarz gebranntes Häuschen, das, so wie es hingestellt war, den Eindruck erweckte, als kehrte es der ganzen Welt den Rücken, und das mit seinen Butzenscheiben dafür unentwegt den Bach, den Berg, den Brunnen und den Zaun anblinzelte. Da war der Eichelhäher in der Luft, und da war am Dachreiter der Kapelle der Grauspecht, der am Türmchen auf und nieder turnte und auffliegend in seinem Flügelschlag den Klang der Mittagsglocke entführte. Da war über allem die goldene Krone der noch verschneiten und im Glanze der Maisonne erstrahlenden Tödikette – und da war die unendliche Weite des Himmels.

Das war das Wunder von Platenga! Das Wunder ergriff mich – und ich akzeptierte es. Ich fasste in diesem Augenblick den Entschluss, mein Leben von Grund auf umzugestalten.

Es gab zwar noch viele Widerstände von innen und von aussen zu überwinden. Die Einwände von Freunden und Bekannten, die wissen wollten, was mir denn einfalle, meine Position als international bekannter Grafiker und Plakatmaler zu gefährden, und die Zweifel von seiten meiner Kollegen, die meinen Umbruch als Flucht bezeichneten. Heute weiss ich es, und die Kritiker und Gegner meiner Handlungsweise von damals wissen es auch: Es war keine Flucht, es war der Durchbruch nach vorn, der Weg zu meinem ureigenen Ich.»

Die Abreise aus der Stadt seiner grafischen Triumphe und die Übersiedlung nach Platenga war für den Künstler gleich einer inneren und äusseren Emigration. Nach Auflösung des Zürcher Ateliers übernahm er für eine Dauer von sieben Jahren mietweise das «Haus am Bach», das er 1946 durch den Bau eines eigenen Refugiums ersetzte, dem er den Namen «Sunnefang» gab. Allein auf sich selbst und seine künstlerischen Absichten angewiesen, begann der Weg des freien Malers. Was das für einen mit Ehrungen überhäuften Mann wie ihn bedeutete, ist unschwer zu ermessen, um so mehr, als sich nun die künstlerischen Erfolge nicht mehr Schlag auf Schlag aneinanderreihten. Wohl erfasste er jede Gelegenheit, sich mit der Natur zu beschäftigen; aber vor allem musste er lernen, das Geschaute und Erlebte einem künstlerischen Umsetzungsprozess dienstbar zu machen, um der Gefahr des illustrativen Schilderns zu entgehen. Er hatte freilich die Schwierigkeiten des neuen Metiers vorausgesehen, doch vertraute er den schöpferischen Kräften seiner Begabung. Die Einsamkeit Obersaxens wurde zweifellos zum starken Stimulans. Er hatte sie schliesslich gewählt, um der ihn bedrängenden Einflüsse und Ablenkungen des Stadtlebens zu entgehen. Alle Anfechtungen, Zweifel oder innere Flauten vermochte er zu überwinden.

Eines stand von Anbeginn für ihn fest: Es gab kein Zurück mehr. Er nützte die ihm grosszügig gebotene Freiheit. So konnte er schon ein Jahr nach der Übersiedlung in seine neue und wiedergewonnene Heimat die erste «Bilderausstellung» – wie er sie nannte – in Chur veranstalten. Grundsätzlich hatte er anlässlich der

34
Flutginas, 1966
Öl, ca. 50 × 70 cm
Privatbesitz

35
Holztransport, 1971
Öl, ca. 50 × 70 cm
Privatbesitz

35

Churer Schau die feste Überzeugung gewonnen, dass er mit seinem Umzug nach Platenga die richtige Wahl getroffen hatte. Seither sind siebenunddreissig Jahre vergangen, die sich durch eine nie abreissende Folge von künstlerischen Versuchen und Bewältigungen auszeichnen, unterbrochen freilich von teilweiser schöpferischer Stagnation, der aber immer wieder thematische und malerische Höhenflüge folgten. Stets hat er seine Fähigkeit als Auftrag und Verpflichtung empfunden. Wie er diese mehr als dreieinhalb Jahrzehnte von 1939 bis 1977 meisterte, wie er allzu leicht errungenen Erfolgen misstraute und sich stets auf sein eigenes anspruchsvolles Werturteil verliess, anderseits aus schwer errungenen Erfolgen neue Kräfte schöpfte, dies soll Thema des nächsten Abschnittes sein.

Vom Werden des Malers

Obwohl Alois Carigiet selbst immer wieder von vielerlei Irrwegen sprach, gelang es ihm schliesslich, eine Werkreihe von progressiver Folgerichtigkeit aufzubauen. Im Verlauf seines künstlerischen Wirkens vermochte er seinem persönlichen Wesen mit nie erlahmender Konsequenz Ausdruck zu verleihen, ohne indessen der Routine zu verfallen, was gleichbedeutend mit einer natürlichen und positiven Entwicklung ist. Nie gab er sich damit zufrieden, seine ihm vorschwebenden Ideen zu verwirklichen, um sich über eine gelungene Jahresproduktion ausweisen zu können; er betrachtete jedes Werk als eine neu zu bewältigende Aufgabe. Selbstgenügsamkeit – d.h. Zufriedenheit mit den erzielten Erfolgen – war nie Carigiets Schwäche. Das Malen sogenannter geglückter Bilder verschaffte ihm nicht jene Genugtuung, die er sich von der künstlerischen Freiheit versprach. So alt die Metapher auch sein mag, jedes künstlerische Werk müsse das Ergebnis eines unter Gewissensnöten entstandenen Abenteuers sein, so exakt trifft sie auf Carigiets zeichnerisches und malerisches Bemühen zu. Triebfeder seiner künstlerischen Arbeit war stets Besessenheit des Schilderns und der Mitteilungsfreude. Dafür fand er in seiner Umgebung reiche Nahrung. Man hat im Überblick immer den Eindruck, dass er nicht nur die optischen Erlebnisse und daraus abgeleiteten Visionen erfassen, innerlich verarbeiten und wiedergeben, sondern sich stets mit den komplexen Problemen der Bildwerdung auseinandersetzen wollte. Von gewissen Erholungspausen unterbrochen, zeichnete und malte er mit nie nachlassender Leidenschaft. Es ist verwunderlich, dass er im Bann der auf ihn eindringenden Motive nie überbordete, wie dies bei Malern seiner figurativ-erzählerischen Richtung bisweilen zu beobachten ist. Viel eher hat man das Gefühl, er begnüge sich nicht nur mit der

Darstellung von Motiven und Szenen, sondern wolle den Atemraum, den Duft und sogar die für seine alpine Umgebung typischen Geräusche in seinen Bildern einfangen.

Nach der relativ kleinen Churer Ausstellung fand sechs Jahre später, d.h. 1946, seine erste grössere Ausstellung im Museum zu Allerheiligen in Schaffhausen statt, die er zusammen mit den Landsleuten seiner engeren Heimat, Leonhard Meisser und Turo Pedretti, bestritt. Diese Schau fand ein beachtliches Echo. Zwei Jahre danach wurde ihm von Josef Müller, dem bekannten Sammler und langjährigen Leiter des Kunstmuseums Solothurn, Gelegenheit geboten, die erste bedeutende Einmannschau zu veranstalten. Sie umfasste 77 Bilder, Zeichnungen und Lithografien. Beim Durchblättern des für heutige Verhältnisse bescheidenen, schlicht gestalteten Kataloges begegnet man vorwiegend Darstellungen von Vögeln, die er mit dem Feldstecher auf seinen Wanderungen im Bündner Hochland beobachtet hatte, z.B. Birkhühner, Falken, Eichelhäher; aber es befinden sich in jener Ausstellung auch Bildtitel wie «Sommertag», «Verschneiter Wald», «Clown», «Drei Jäterinnen», «Kornhisserin» und sogar ein Werk, das «Quaibrücke in Zürich» heisst. Bei der eindrucksvollen Solothurner Ausstellung, die ein Markstein seiner Entwicklung ist, wurde ihm die Ehre des Besuchs von Cuno Amiet und Louis Moilliet zuteil.

Es ist verständlich, dass Carigiet in den ersten Jahren seiner künstlerischen Ungebundenheit von den ihn umgebenden Themen Besitz ergriff und die ihn bedrängende Fülle von Impressionen verarbeitete. Der Motivbereich jener Zeit wird heute noch, nachdem er ihn längst erweitert und verlagert hat, von einigen seiner Interpreten bevorzugt, weil sich nach ihrer Ansicht an ihm die echte und natürliche Sprache eines ungebärdigen Talentes ausdrückt, während sie für seine späteren, reiferen Werke

39
Der Stall von Stavons, 1969
Öl, ca. 130 × 150 cm
Privatbesitz

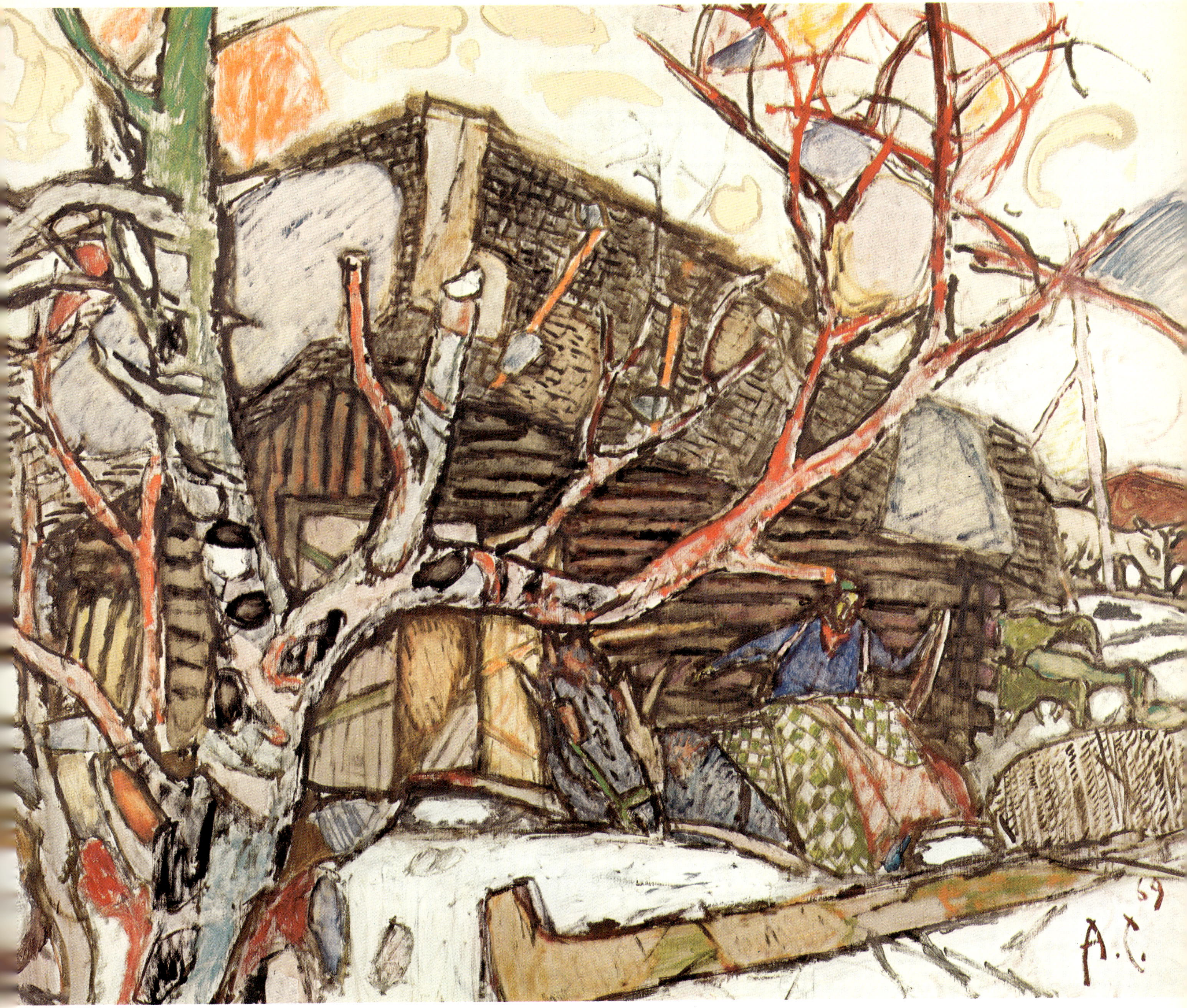
69
A.C.

geringeres Interesse bekunden. Diese Deuter gehen sogar so weit, die Bilder jener Frühzeit als die einzig bedeutenden «Carigiets» zu werten. Es soll nichts gegen manche Zeichnungen und viele Ölbilder jener Epoche eingewendet werden, aber im Verlaufe der Jahre vollzog sich ein Wandel, der am treffendsten als Abkehr vom Abbild und als Hinwendung zum Sinnbild umschrieben werden kann. So wurde die der malerischen Bildwerdung dienende, autonome Zeichnung in ein Ordnungsprinzip miteinbezogen und das Strukturnetz farblich verarbeitet. Form und Komposition werden immer grosszügiger gehandhabt. Jedes leicht anekdotische oder illustrative Zierat jener Frühzeit, dem zwar sicherlich manche Reize nicht abgesprochen werden können, das aber auch das gesamte Erscheinungsbild des Werkes belastet, wird zugunsten der grossen Form weggelassen. In seinen Ölbildern setzt sich bald einmal eine fast murale Monumentalität durch.

Wenn auch Alois Carigiets zeichnerische und malerische Handschrift ihre unverkennbaren und unverwechselbaren Züge trägt, so ist doch der sogenannte zeichnerisch-lineare und malerisch-farbliche Duktus für ihn typisch, der je nach Gemütsverfassung und Thematik starken Wechseln unterworfen war. Auch macht sich mit der Zeit ein starker Wandel der figurativen Darstellungsweise geltend.

Es ist im Grunde schwer, obschon er seine charakteristische Handschrift nie verleugnete, Stilparallelen bei ihm nachzuweisen. Wenn man z.B. seine Neigung zu starker Konturbetonung feststellt, überrascht er uns vielleicht bei der nächsten Arbeit dadurch, dass er fast ohne trennende Linien ein Farbfeld neben das andere setzt. Die Bilder dieser Monografie beweisen, wie vielfältig in der Einheit Carigiet künstlerisch arbeitet. Oft nimmt er frühere Themen wieder auf und gibt ihnen scheinbar ähnliche Gestalt, bis man gewahr wird, wie sehr er darauf bedacht war, neue Varianten zu bieten.

41
Auf der Strasse nach Ladir, 1969
Öl, ca. 150 × 190 cm
Privatbesitz

41

Immer mehr nähert er sich seinem unverwechselbaren Stil, der auf einen Läuterungs- und Reifeprozess hinweist. Diese Intensivierung wurde besonders in den letzten Jahren offenkundig. Es ist eigentlich noch stets der temperamentgeladene Impetus der Platenga-Epoche, der in seinem Truner Atelier «Flutginas» seit 1939 eine ständige Wiedergeburt bis in die Gegenwart erlebt. Die subtilen Bleistiftzeichnungen und aquarellierten Zeichnungen und Ölbilder sind dichter geworden, die Bleistiftdarstellungen noch stärker in die Tiefe angelegt und dennoch beschwingter, die Gemälde von einem Volumen erfüllt, das von der Erfahrenheit eines Malers zeugt, der die Feuerprobe der Bildwerdung stets aufs neue souverän besteht.

«Das Wunder von Platenga», von dem Carigiet sprach, hat sich auf seine Kunst übertragen. Er vermochte die Vergangenheit völlig abzustreifen und zu überwinden, ist zum reinen Maler geworden, wovon er schon als kleiner Junge träumte.

43
Dreikönigstag, 1969
Öl, ca. 90 × 110 cm
Privatbesitz

43

44

45

45
Schlittengefährt, 1958,
Öl, 83 × 118 cm
Privatbesitz

46
Ausfahrt, 1977
Öl, 89 × 55 cm

47
Heimwärts, 1977
Öl, 89×55 cm

48
Im Holz, 1976
Tuschzeichnung, 20×23 cm

49
Im Holz, 1976
Öl, 70×90 cm

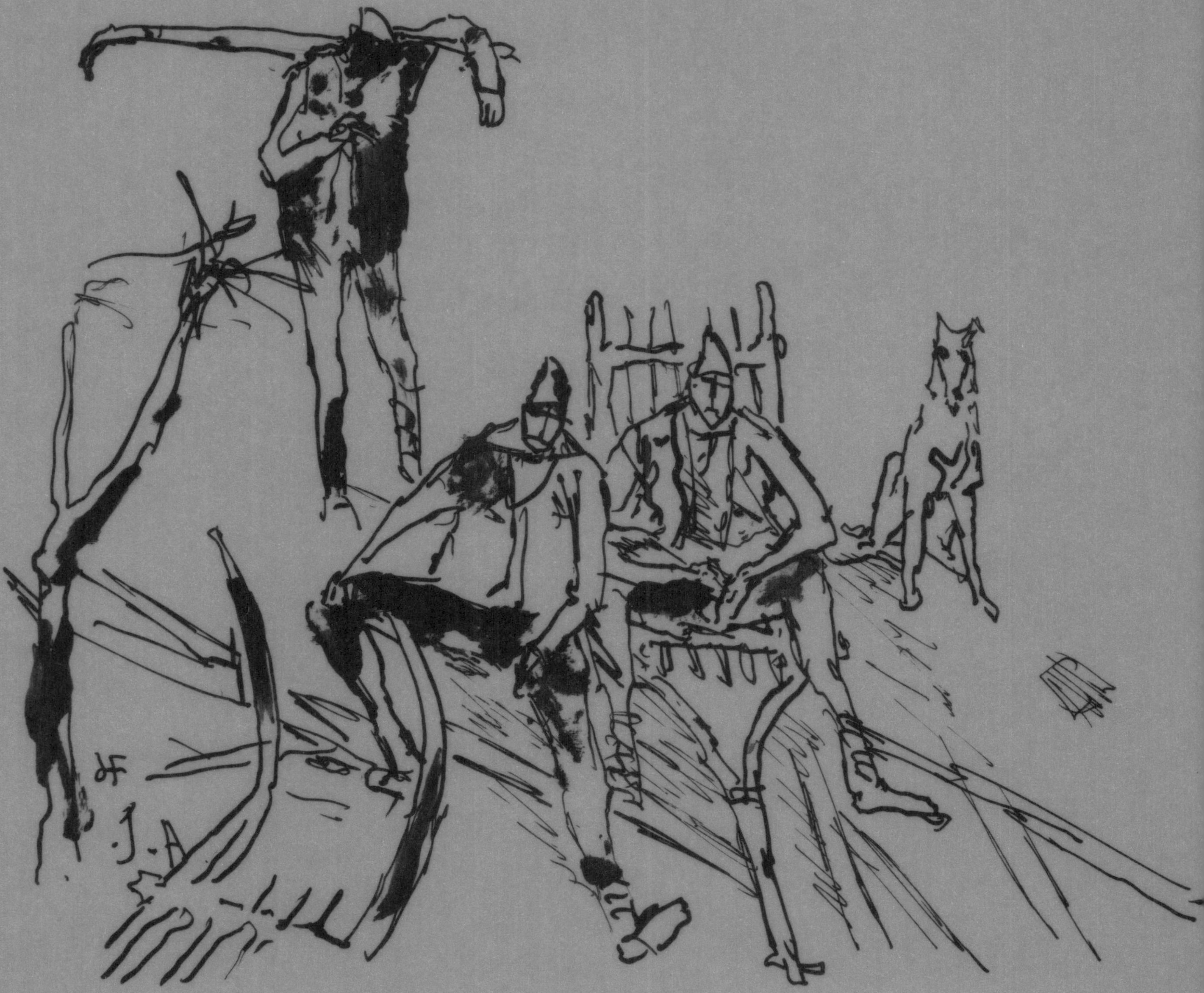

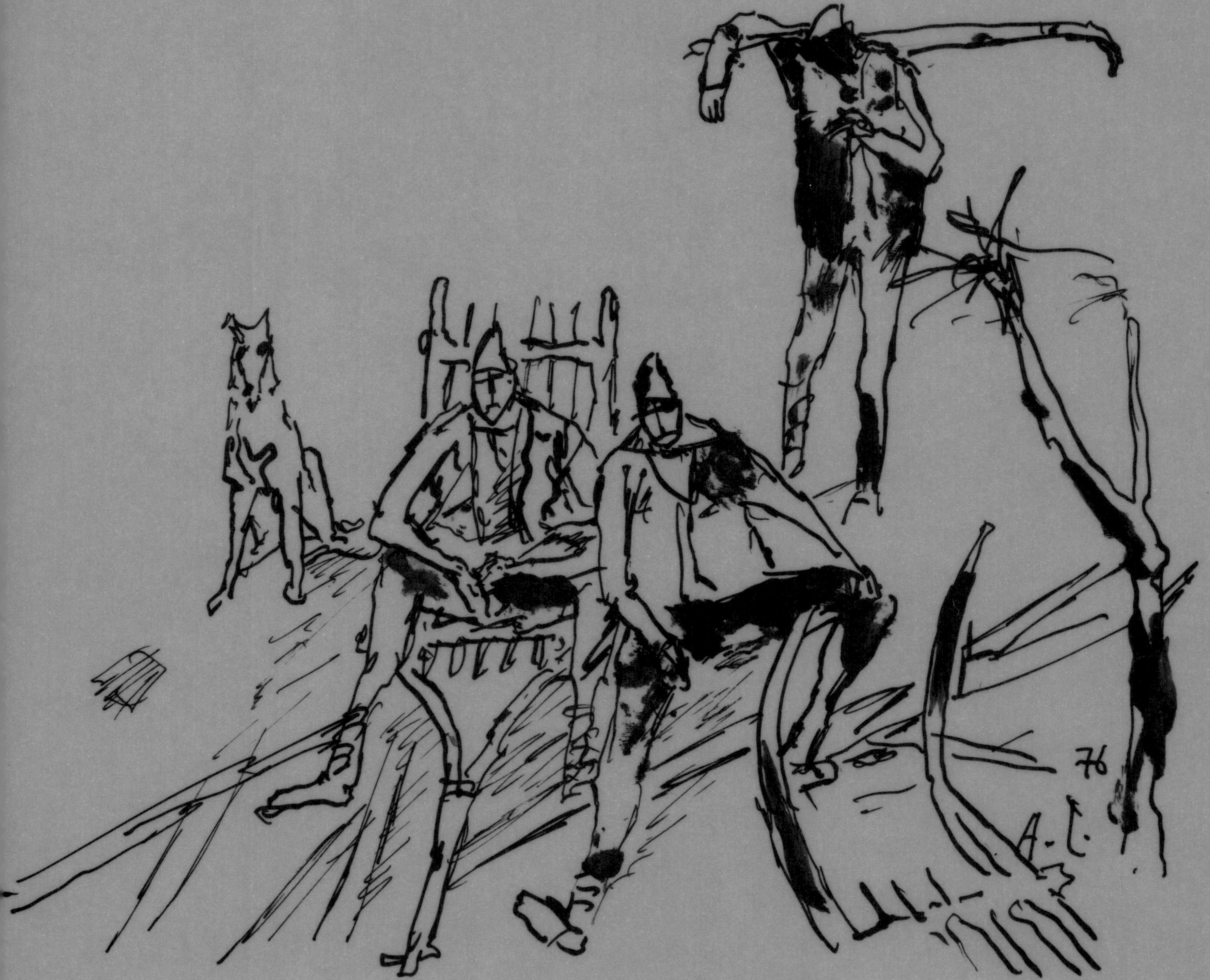
76
A.C.

49

Stil und Technik

Jeder wahre Künstler hat seine persönlichen Merkmale, die sogar starken thematischen oder stilistischen Wandlungen widerstehen können. Gleichgültig, ob es sich um eine Bleistiftzeichnung, eine aquarellierte Zeichnung, ein Ölbild, eine Lithografie, ein Glasfenster handelt, sogleich erkennt man, dass man einen «Carigiet» vor sich hat. Sein dominierendes stilistisches Merkmal besteht darin, dass er wie selten ein gegenstandsbezogener Maler unseres Landes, von der Zeichnung herkommt, obwohl die Themen und Farben bei ihm ebenfalls eine wesentliche und manchmal ausschlaggebende Rolle spielen.

Es ist z.B. kaum möglich, dass er, wie man in der Fachsprache sagt, ein Bild «zutodemalt», denn er konzentriert sich beim Gestalten dermassen, dass fast alle seine Arbeiten den Stempel überaus raschen Zupackens, Beginnens und Vollendens tragen. Die meisten seiner Werke entstehen wie in einem kreativen Rausch; sie gleichen spontanen, aber doch gebändigten Würfen. Carigiet arbeitet mit voller Angespanntheit seiner psychischen und physischen Kräfte, unter Ausschaltung spekulativen Denkens, so dass seine Zeichnungen und Bilder wie leidenschaftlich gesteigerte Improvisationen wirken, deren kalligrafische Züge, lineare Formungselemente und heftig umkämpfte Farbzonen den Eindruck vehementer innerer und äusserer Auseinandersetzung vermitteln. Trotzdem weiss der Künstler dieses malerische oder zeichnerische Geschehen so zu lenken und zu organisieren, dass die Bildwerdung gesichert ist.

Wer Alois Carigiets Themen im Verlauf ihrer Entwicklung einigermassen überblickt, wird feststellen, dass er selber niemals daran zweifelte, die Gegenständlichkeit als einzige ihm entsprechende Richtung anzuerkennen. Er misstraute freilich nie dem Schöpferischen der Ungegenständlichkeit, d.h. er liess zwar die Nichtfiguration als mögliche grundsätzliche Entscheidung eines Künstlers durchaus gelten; aber er wusste von allem Anfang, dass sie nicht seine Sache ist.

Ein weiteres wichtiges Indiz der künstlerischen Treue zu sich selbst drückt sich in der Ablehnung jeder lebensverneinenden Haltung aus. Auch innerhalb eines ernsten oder besinnlichen Bildthemas sind keine dekadenten, morbiden oder gar makabern Merkmale zu erkennen. Das Malerische als Demonstration von Lebenszugewandtheit beherrscht zu stark sein Wesen, als dass er jemals in Versuchung gekommen wäre, die sinnliche Materie zugunsten analytischer Absichten zu verraten. Bildende Kunst ist für ihn eine Manifestation der Bejahung. Deshalb ist jede Zeichnung und jedes gemalte Bild von einer vibrierenden Lebendigkeit, welcher bisweilen etwas Fragmentarisches anhaftet. Seine Bildwerke sind auch nie erfüllt von mystischen Tendenzen oder weltanschaulicher Programmatik. Er hat von jeher die Kunst als ein Medium visuellen Genusses und der Erhebung betrachtet.

Seine Malerei liegt auf der stilistischen Ebene von Corinth, Kokoschka, Dunoyer de Segonzac und Max Gubler, mit dem er übrigens schon verglichen wurde. Carigiets Kunst weist manche Kennzeichen auf, die dem Fauvismus schweizerischer Prägung eigen sind; sie kann ebensogut als Nachimpressionismus wie als themabezogene Malerei mit expressiven Grundzügen bezeichnet werden. Auf eine genauere Charakterisierung werden wir im Schlusskapitel noch zurückkommen. In jedem Fall ist sein künstlerisches Schaffen – trotz dessen Konzentration auf formales und farbliches Gleichmass – voll schöpferischer Unruhe, und selbst die eher besinnlichen und poetischen Werke sind nicht frei von Spuren ständigen Experimentierens. Er wird deshalb nie ein Bild

52
Dem Zaun entlang, 1976
Tuschzeichnung, 17 × 21 cm

53
Dem Zaun entlang, 1976
Öl, 80 × 100 cm

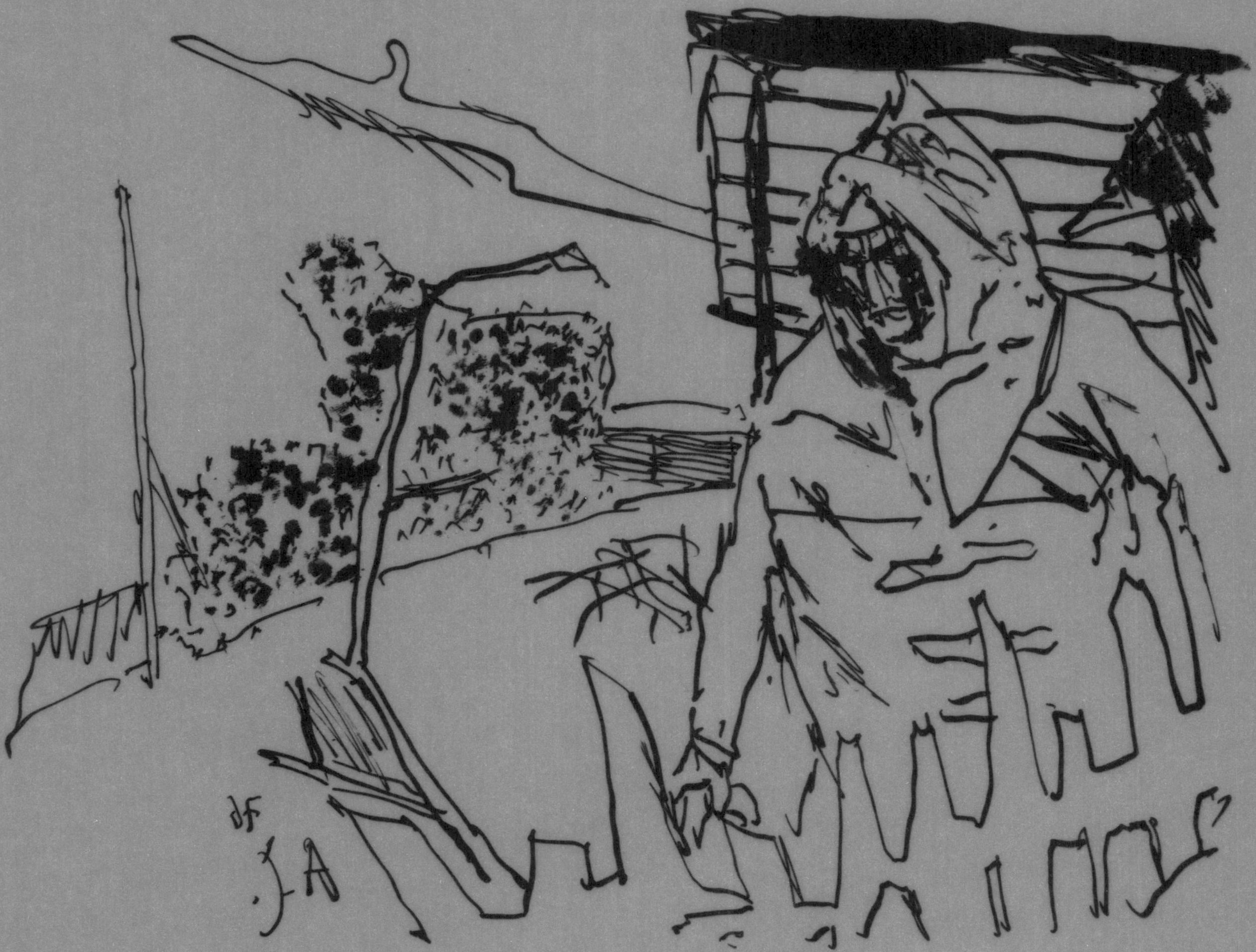

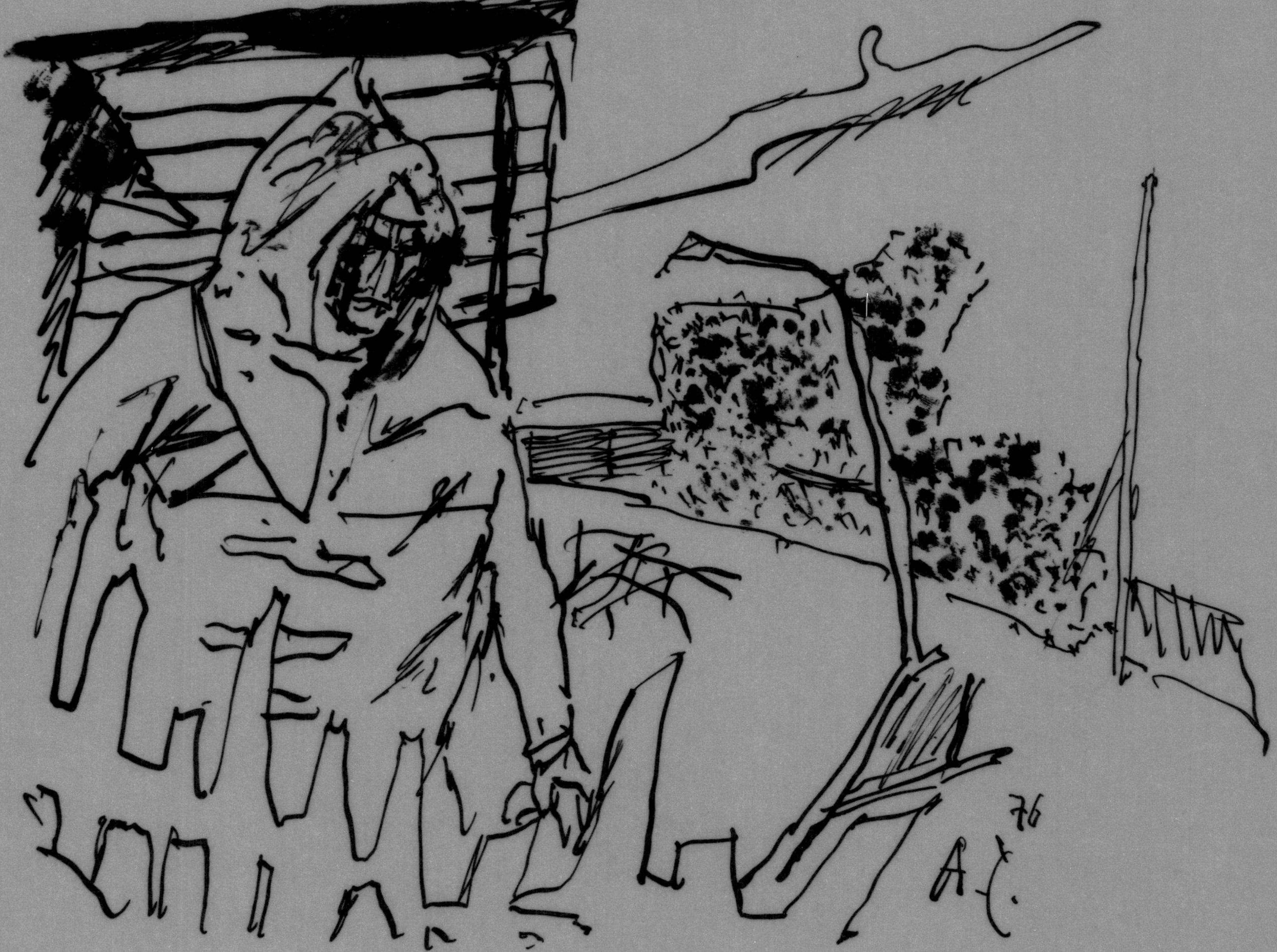

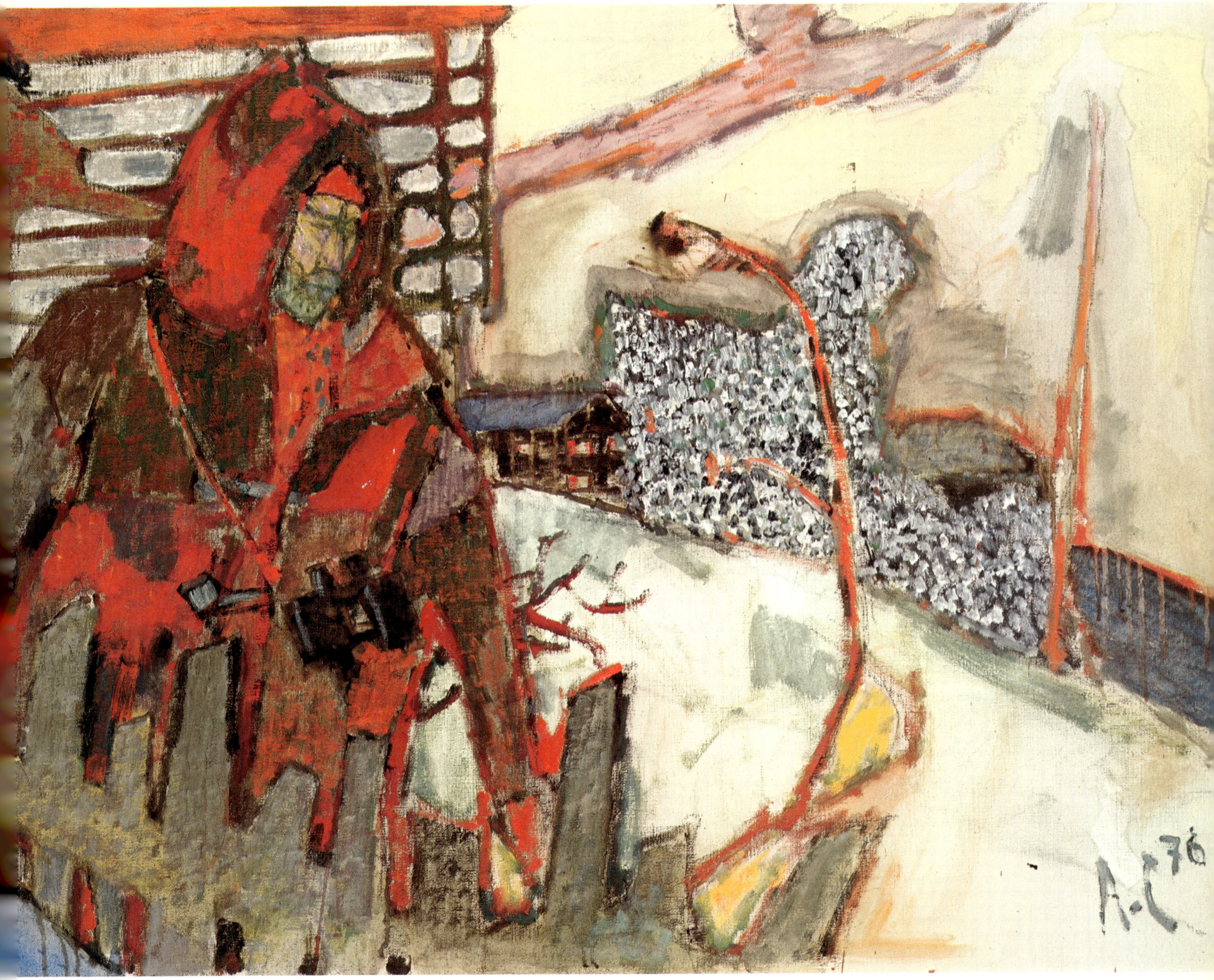

um dessen Eigenwert im Sinn der «l'art pour l'art» in Angriff nehmen und vollenden; ständig ist er bereit, gestalterische Probleme auf der Fläche zu lösen.

Der emotionelle Umgang mit Linie und Farbe führt bei Carigiet dazu, dass die Werke den Charakter von Farbfeldlösungen annehmen, die rein äusserlich mit dem Action Painting vergleichbar sind, mit dem grundlegenden Unterschied, dass in Carigiets Kunst nicht ein einziges abstrahierendes Element um seiner selbst willen nachweisbar wäre.

Carigiets Bilder entstehen in den vier Wänden seines Ateliers. Er bedarf dieser Abgeschlossenheit und Isoliertheit, um nicht in Versuchung zu kommen, aus lauter Freude über die empfangenen Natureindrücke den Sinn für Komposition, Form und Farbe einzubüssen. Er malt seine Bilder auch mit Vorliebe, wenn sie bereits gerahmt sind. Auf diese Weise kann er das Flächen- oder Raumvolumen stets gut unter Kontrolle halten. Wenn er ein Ölbild mit Bleistift oder Kohle auf der Leinwand skizziert, lässt er gewöhnlich beim Farbauftrag das lineare Netzwerk stehen, ja er trachtet danach, die Farben diesem Blei- oder Kohlegrund einzuverleiben. Bei diesem Verfahren achtet er darauf, dass Leuchtkraft und Transparenz der Nuancen in keiner Weise beeinträchtigt werden.

Der Malakt, weitgehend irrational, ist derart mit Emotionen aus dem augenblicklichen Befinden des Künstlers verwoben. Dennoch ist nicht ausser acht zu lassen, dass technische Bedingungen dabei eine grosse Rolle spielen, wenn zum Beispiel mit der zähflüssigen Beschaffenheit der Ölfarbe gearbeitet wird. Da es sich bei Carigiet um differenzierte Farbnuancen handelt, die aus einer geradezu alchimistischen Mischung und Prozedur hervorgehen, ist der Zusammenklang von Paste und Farbstoff für das Gelingen des Kunstwerks ausschlaggebend. Es muss deshalb mit der Konsistenz der Farbe und ihrem Klang während des Malaktes gerechnet werden. Dessen ist sich Alois Carigiet bewusst, auch wenn er beim Farbauftrag mitunter grosszügig verfährt. Daher ist das Malen auch bei ihm nicht nur eine gefühlsbetonte Angelegenheit, sondern ebenfalls eine Sache der Disziplinierung und des ständigen Überwachens.

Er wird ständig zwischen dem Drang nach ungehemmter Entfaltung und einer für die gestalterische Bewältigung des Bildes notwendigen Schlichtung lavieren müssen. Er ist nicht auf eine bestimmte malerische Technik festzulegen. So zum Beispiel trägt er wechselweise die Farben pastos oder fast lasierend auf.

Carigiet hat infolge seines unverfälschten, eigenwilligen Stils unsere schweizerische Kunstszene wesentlich bereichert. Dies ist umso höher zu veranschlagen, als die Maler der Gegenständlichkeit immer seltener werden. Man kann die bedeutendsten unter ihnen bald an einer Hand abzählen. Carigiet denkt trotz relativ hohem Alter nicht daran, die Pinsel beiseitezulegen und erholsame Rückschau zu halten; er hat im Gegenteil in den letzten Monaten neue grosse Werke in Angriff genommen und teilweise auf meisterhafte Weise vollendet. Als diese Monografie begonnen wurde, versprach er, bis zu seinem 75sten Geburtstag noch einige für ihn wichtige Bilder zu malen. Anlässlich der Frühlingsausstellung 1976 in der «Kornschütte» des Rathauses Luzern wurde deutlich sichtbar, dass er sein Versprechen gehalten hat. Die Initialen A.C. sind längst zu einem bekannten Signet für naturbezogene Malerei geworden.

56
Die Felsen von Schlans, 1976
Öl, 70 × 90 cm

57
Die Felsen von Schlans, 1976
Tuschzeichnung, 17 × 24 cm

56

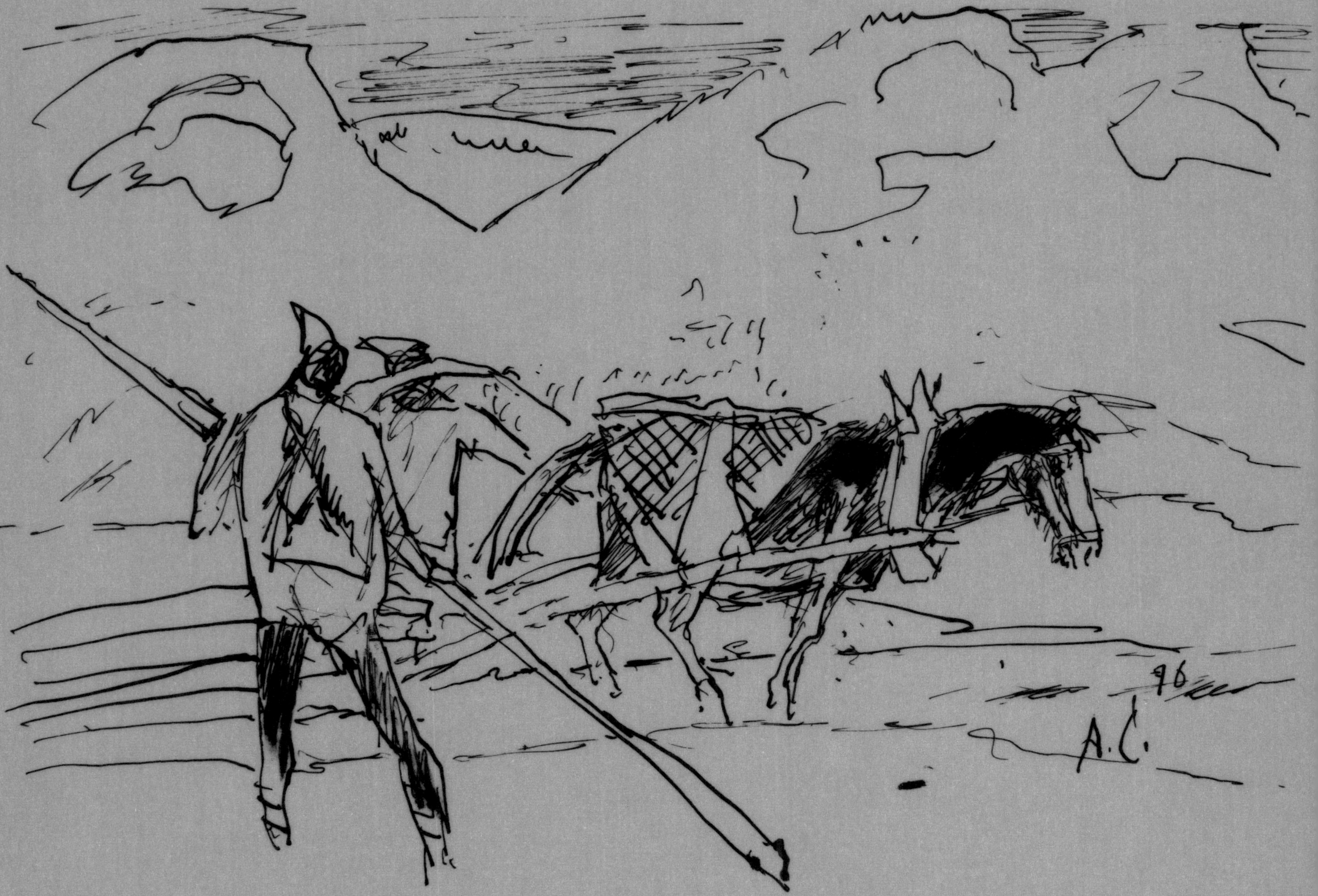
96
A.C.

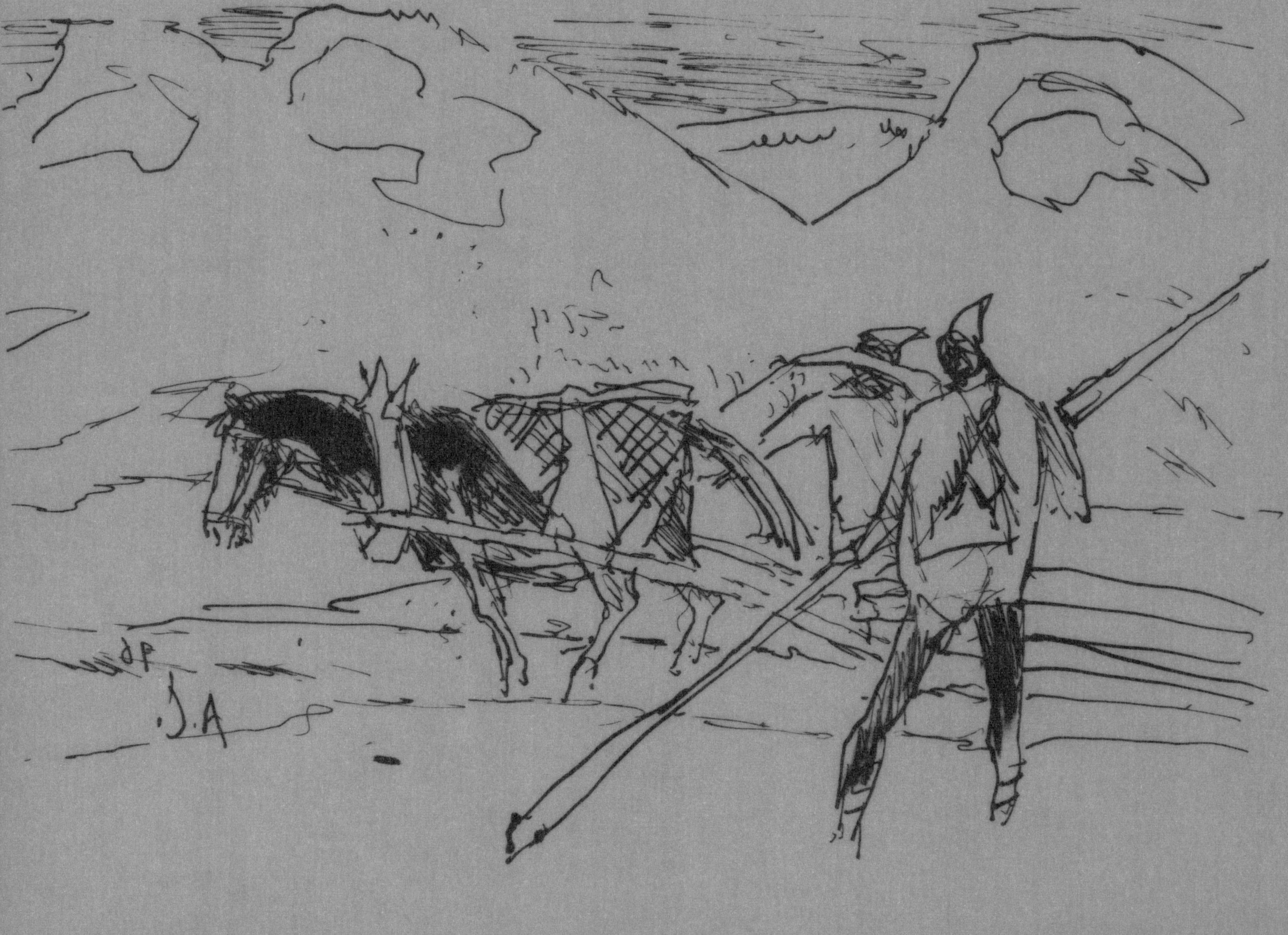

58

58
Die Jäger, 1973
Tuschzeichnung, 24 × 18 cm

59
Die Jäger, 1973
Öl, ca. 130 × 110 cm
Privatbesitz

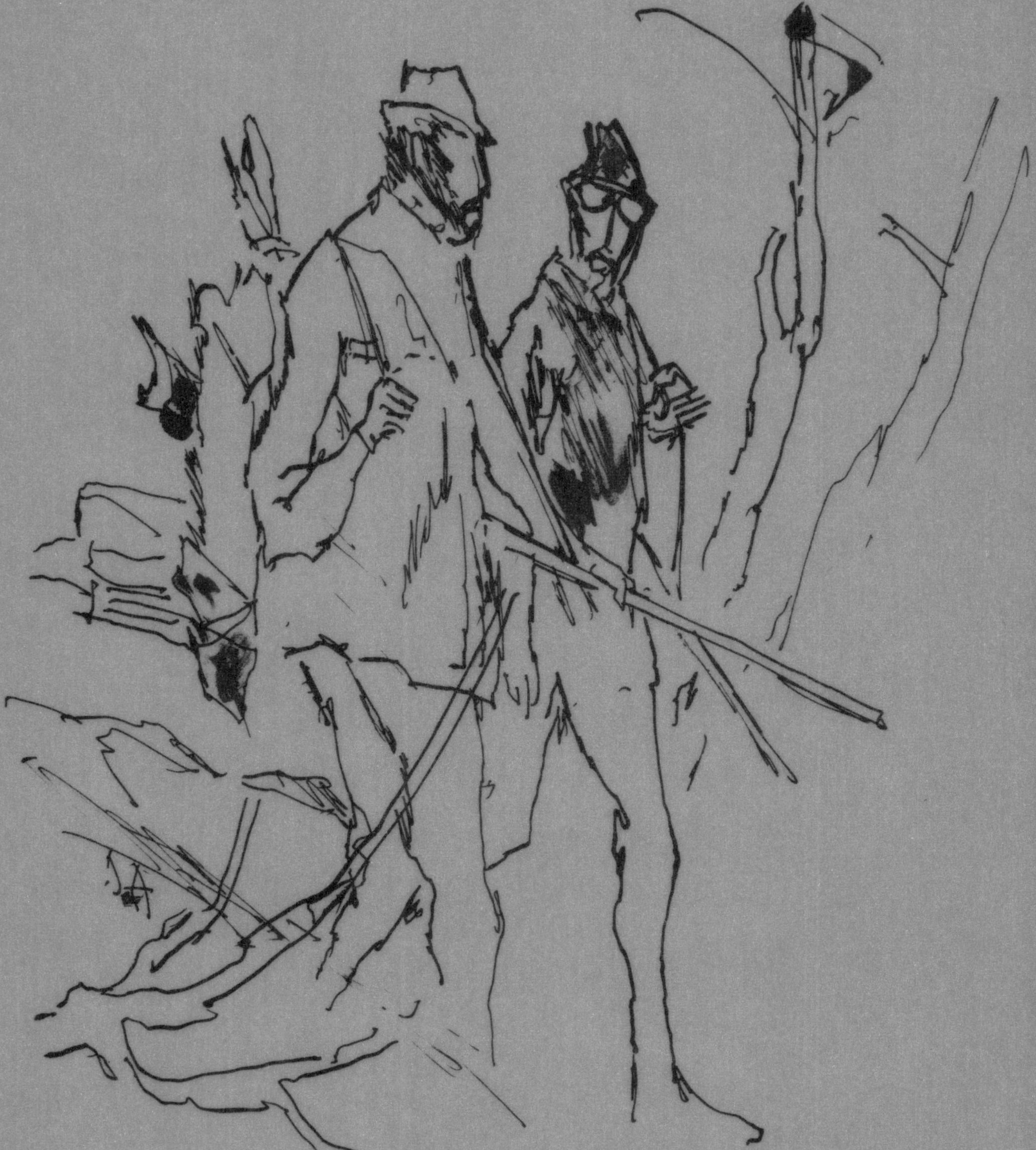

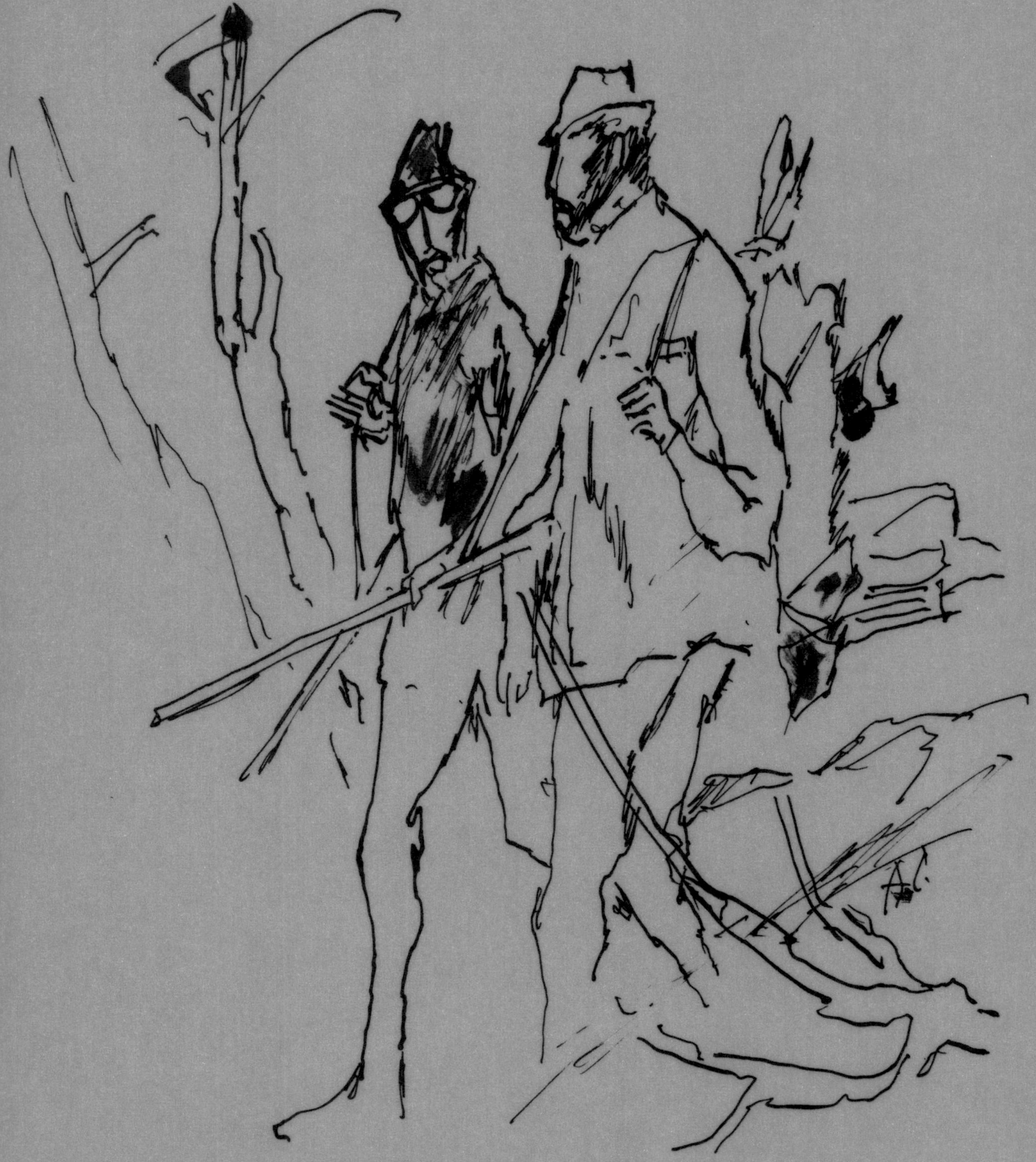

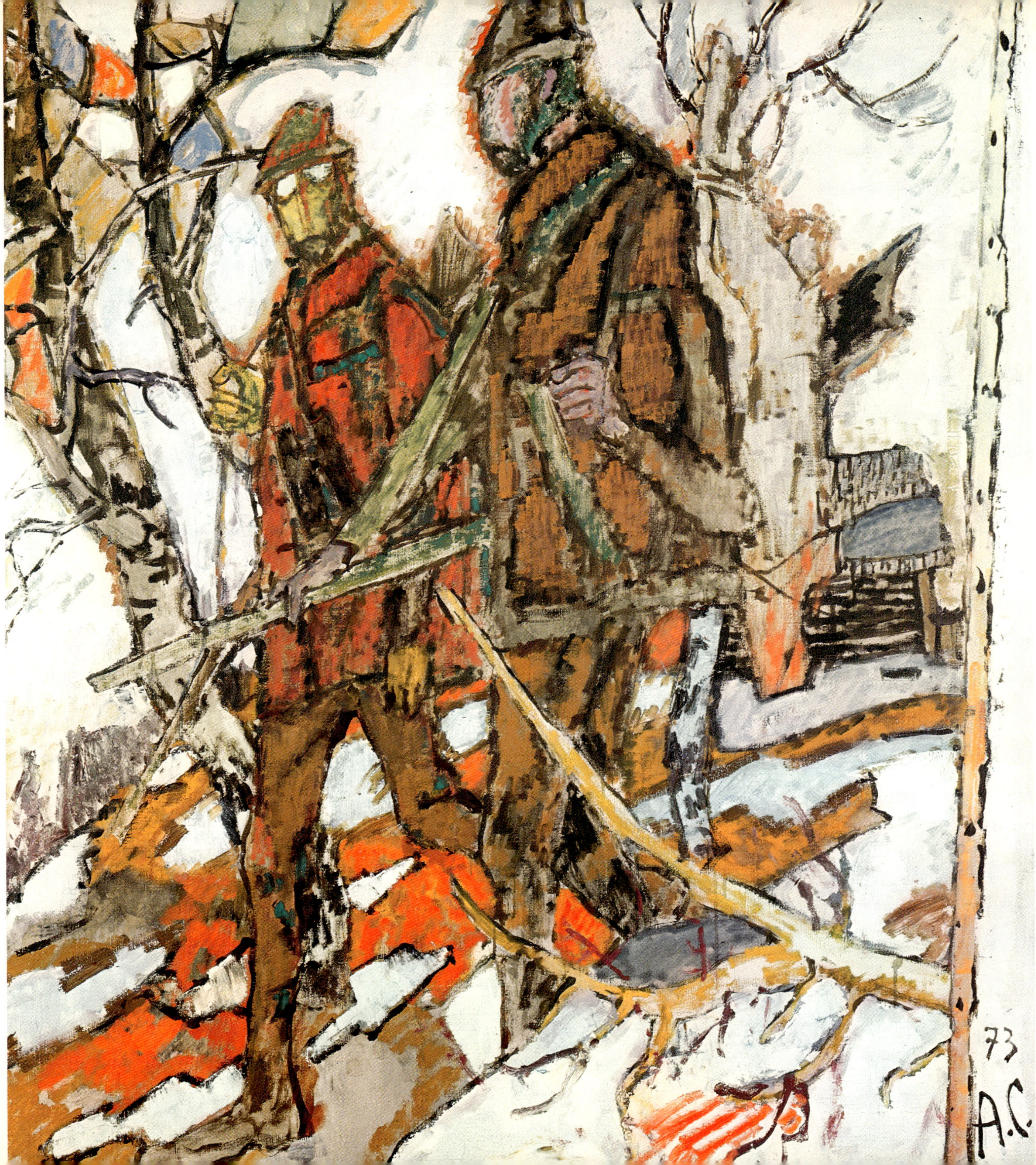
73
A.C.

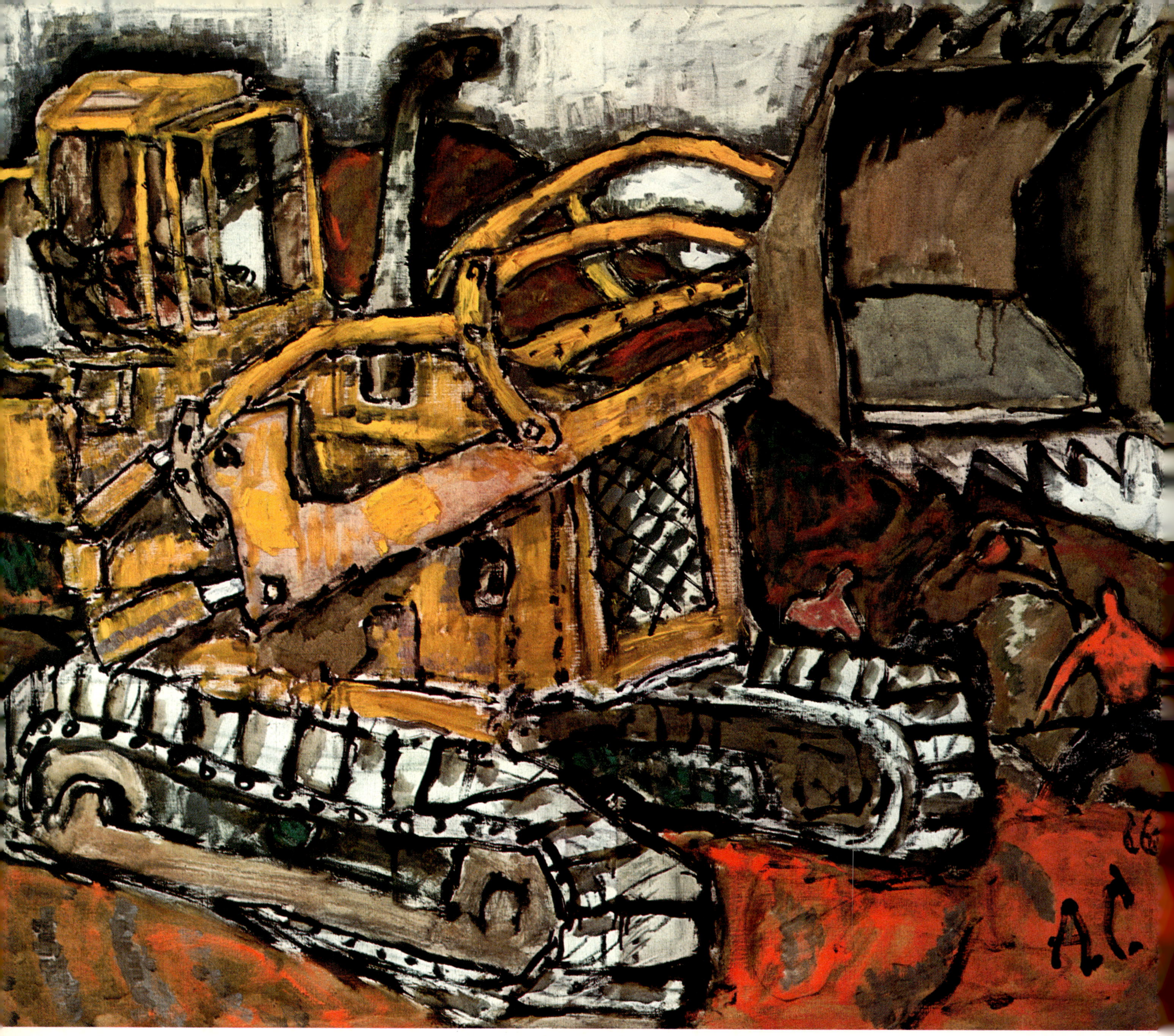
66
A.C.

Seine Farben

In der Einführung wurde erwähnt, dieses Buch sei aus dem Bedürfnis heraus entstanden, vorwiegend das Schaffen des *Malers* Alois Carigiet zu würdigen. Ohne Zweifel ist auch für diesen Künstler die Ölmalerei der Höhepunkt bildnerischen Wirkens. Wenn er Tafelbilder malt, dann nur in Öl, der bewährten Technik und Materie seit Jahrhunderten. Niemals kam er in Versuchung, neue Werkstoffe, z.B. Acryl, das in jüngster Zeit von zahlreichen Künstlern bevorzugt wird, auszuprobieren. Er ist der festen Überzeugung, dass einzig die «klassische» Ölfarbe seinen malerischen Ansprüchen gerecht wird. Das Problem der Farbgebung ist für ihn lebenswichtig; er bedient sich grundsätzlich starker Nuancen und Komplementäreffekte und stimmt die Valeurs sorgfältig aufeinander ab. Viele seiner starkfarbigen Bilder sind Beispiele einer glücklichen Verbindung von glutvollem Klang und formaler Ordnung in einem allerdings nicht pedantischen oder dogmatischen Sinn.

Wenn auch von ausgesprochenen Farbdominanten nicht gesprochen werden kann, weil Carigiet die Töne wechselweise wählt und je nach Thema oder augenblicklicher Verfassung einsetzt, so fehlt doch in seinen Bildwerken selten ein leuchtendes Rot. Manchmal lässt er diesem königlichen Klang freien, überströmenden Lauf; oft verwendet er ihn dosiert, sogar sparsam. Es kann auch vorkommen, dass er eine Weile den Rosa-Braun-Akkord bevorzugt. Auf alle Fälle liebt er ein vehementes, jedoch stets gebändigtes Aufeinandertreffen der Farben. Stets benützt er sie als Klangkörper, und sie haben wegen ihrer optischen Wirkung höchste Priorität. Das Bauen, Formen und Gestalten mit den Farben, so scheint uns, wird dem orchestralen Wert der Farbe untergeordnet. Sein Schwarz z.B. hat, wie bei fast jedem Maler,

60
Raupenbagger, 1966
Öl, 110 × 130 cm
Privatbesitz

eine eigene Note. Dieser sogenannten «Nichtfarbe», ähnlich dem gebrochenen Weiss, wird die Aufgabe zuteil, als Komplementärton zur Geltung zu kommen. Wer den Versuch unternimmt, Carigiets Schwarz beispielsweise mit demjenigen von Max Gubler zu vergleichen, wird zu interessanten Schlussfolgerungen kommen. Carigiet zeichnet doch eher mit seinen schwarzen oder tief dunkelgrauen Tönen, während Gubler Schwarz mehr oder weniger dem Lokalkolorit unterordnet. Man muss sich indessen hüten, aus der vorerwähnten Gegenüberstellung allzu psychologisierende Schlüsse zu ziehen. Die Farbgebung in ihrem weitreichenden Spektrum bestimmt – wie übrigens bei jedem echten Maler – die künstlerische Gesamterscheinung von Alois Carigiet wesentlich mit. Sie ist Teil seines Credos, wie Thematik, Stil und Technik. Ein Bild von seiner Hand erkennt man vordergründig an der Farbpalette.

Der Zeichner A.C.

Das Zeichnen mit Bleistift oder Kohle kann als Vorstufe zu einem malerischen Werkvorhaben gelten oder als eigenständige künstlerische Leistung ausgeübt werden. Bedeutende Maler haben in der Zeichnung wie in ihren Ölgemälden gleichwertige Werke geschaffen; das gilt auch für Carigiet. Wenn sein Leitsatz lautet, dass er zeichnend male und malend zeichne, dann bedeutet das, dass auch seine Ölbilder stark vom Linearen her bestimmt werden. Bei ihm muss zwischen der Zeichnung als Entwurf oder der linearen Anlage für Ölbilder und der selbständigen Bleistift- oder aquarellierten Zeichnung unterschieden werden. Es gibt von ihm flüchtige, fast notizenhafte Skizzen, die alle Elemente seiner gestalterischen Begabung enthalten. Wenn er aber eine autonome Zeichnung macht, die er unter Umständen mit aquarellistischen Details belebt, wird man feststellen, dass das Zeichnen bei ihm einen der Malerei gleichwertigen künstlerischen Rang einnimmt.

Die Zeichnung wird als die intimste Form des künstlerischen Ausdrucks angesehen. Sie kann mit der selben Hingabe wie die Malerei ausgeführt werden, aber der technische Aufwand ist naturgemäss geringer. Gewisse Kunstfreunde schätzen Carigiets Zeichnungen noch höher ein als seine Malerei. Sie lieben an ihnen den Zauber des Unmittelbaren und glauben gerade in der Auseinandersetzung mit dieser Gestaltungsweise den Geheimnissen des kreativen Aktes ein wenig auf die Spur zu kommen. Bei vielen seiner Zeichnungen handelt es sich um Arbeiten, die – natürlich ausser der Farbe – sämtliche Elemente seiner Kunst enhalten. Was sie von den Bildern unterscheidet, sind Strich und Struktur.

Würde man Carigiets Zeichnungen unter der Lupe betrachten, liesse sich leicht nachweisen, dass der Künstler die Details

64
Der Schaufelbagger, 1975
aquarellierte Zeichnung, ca. 30 × 40 cm

65
Beschleunigung, 1975
aquarellierte Zeichnung, ca. 30 × 40 cm

66
Nach dem Lawinengang, 1975
aquarellierte Zeichnung. ca. 20×35 cm

67
Nach der Lawine, 1975
aquarellierte Zeichnung, ca. 20 × 35 cm

konzentriert herausarbeitet und sich derart die von ihm beabsichtigten Kompositionszusammenhänge fast wie von selbst ergeben. Seine Strichführung ist von einer scheinbaren Nervosität oder Unruhe begleitet, die ein Beweis für kreative Erregung darstellt. Die Zeichnung hat manchmal etwas Brüchiges oder Staccatohaftes. Wer sie genau betrachtet oder analysiert, wird gerade das Gegenteil von dem finden, was bei seinen aussergewöhnlichen Fähigkeiten naheliegend wäre: Virtuosität! Die Zeichnungen sind – und in dieser Beziehung haben sie eine gewisse Verwandtschaft mit denjenigen von Auberjonois – auf eigene Art unbeholfen oder, trotz aller Dezidiertheit, zögernd. Der kalligrafische Ablauf ist wohl instinktiv zielgerichtet, weil der Strich aus der sicher gelenkten Hand aufs Papier gleitet; aber es ist trotzdem nicht zu verkennen, dass alles auf ein Abtasten der Formfindung hinausläuft. Der Künstler legt die Bleistiftlinien nicht nur fast vage und mit einer atmosphärischen Verhaltenheit an, sondern er versieht manche Zeichnungen durch Radieren mit Wischern, um sie lockerer, flockiger und transparenter zu machen.

Die aquarellierten Zeichnungen sind eine wesentliche Variante in Carigiets Schaffen. Sie entstehen meistens spontan, im Sinne einer Bereicherung, das heisst, nachdem die Zeichnung bereits fertiggestellt ist. Er hat sonderbarerweise nie rein aquarelliert, vielleicht, wie er selber hervorhebt, weil er allzu sehr dem Kontur verhaftet sei. Die Einsprengsel oder Tupfer mit Wasserfarben werden sparsam eingesetzt, um das Zeichnerische, das ihm am Herzen liegt, nicht zu beeinträchtigen.

Carigiets aquarellierte Zeichnungen stehen in der heutigen Schweizer Kunst wohl einzig da. Man darf sie innerhalb seines Schaffens kammermusikalische Kostbarkeiten nennen.

Die Themen- und Motivbereiche

Das Erzählerische seiner Kunst hängt mit Herkunft und Jugend zusammen. Die von ihm bevorzugten Motivkreise widerspiegeln weitgehend seine engere Heimat. Im Katalog von Alois Carigiets Jubiläumsausstellung in Chur, 1973 (ein Jahr nach seinem siebzigsten Geburtstag), sind folgende Themata aufgeführt: «Landschaft, Häuser, Menschen», «Konterfei und Figur», «Meine gefiederten Freunde», «Die touristische Szene», «Menschen in der Stadt», «Die stillen Dinge», «Harlekinaden» und die Wandmalerei.

Auf die anlässlich jener Schau an den Künstler gerichteten Frage, weshalb er als Katholik kaum je ein religiöses Motiv male, antwortete er, dass ihn eine gewisse Scheu und Ehrfurcht hemme. Auch im vorliegenden Buch wird in den Abbildungen von der konfessionellen Gläubigkeit des Malers wenig spürbar; dennoch hat er sich immer wieder mit religiösen Problemen künstlerisch beschäftigt.

Die obengenannten Themen – Mensch, Tier, Haus, Baum und Wolke – ziehen sich durch Carigiets ganzes Werk. Solche und andere Sujets werden im Freien skizziert; aber die Bildwerdung vollzieht sich erst in der Klausur des Ateliers.

Alle seine Motive und weitgefassten Themen sind der Vermittlung naturhafter Erscheinungen und Situationen gewidmet. In den letzten Jahren erweiterte sich sein Motivbereich z.B. um Szenen, die er unter dem Titel «Menschen in der Stadt» zusammenfasst. Als Schilderer und Erzähler legt er seine Werke so an, dass sie leicht verstanden werden können. Nicht nur seine Thematik, sondern auch die spontane Malweise – das gilt auch für die Zeichnungen – schlägt Brücken zu jenen unverbildeten oder natürlichen Leuten, die echter gegenständlicher Kunst zugetan sind. Sie spüren die unmittelbare Kraft der Aussage von Carigiets Werken. Sie identifizieren sich mit Motiv und Stil, Zeichnung und Farbe. Für solche Menschen gestaltet er. Ihre Anerkennung gibt ihm stets Mut zu neuen Leistungen.

Was das Thema «*Landschaft, Häuser, Menschen*» anbetrifft, so handelt es sich vielfach um Darstellungen, bei denen die Figuren eine sekundäre Rolle spielen. Es kommt dem Künstler darauf an, die formalen Komponenten so herauszuarbeiten, dass jeder Anflug des Abbildens vermieden wird. Bei manchen derartigen Motiven legt Carigiet Wert auf die Spannungsgesetze, indem er unbewusst kontrapunktische Elemente zur Geltung bringt. Bei der Mehrzahl der Häuseransichten bedient er sich vielfach einer horizontalen Strukturierung, um die architektonische Statik und den Aufbau zu dynamisieren.

Beim Themenkreis «*Konterfei und Figur*» findet eine lebhafte Durchdringung der Szene statt. Carigiet gibt meist durch vertikale Konturbetonung dem bildlichen Geschehen Halt und Form. Oft sind die Menschengestalten gesichtslos; derart wird wie bei den Häusern jede Porträtierungsabsicht ausgeschaltet. Eine wesentliche Rolle spielt das Gestische; es kommen dabei die für Carigiet typischen Stilmerkmale einer leichten Verzerrung oder Hypertrophierung der Körperkonstitution zur Geltung. Das figürliche Geschehen nimmt in Carigiets künstlerischem und malerischem Wirken eine zentrale Stelle ein, andererseits geistern Bergbauern gleichsam nur als Schemen um die Häuser und Hütten herum.

«*Das Konterfei*», im weitesten Sinn aufgefasst, war seit jeher eines von Carigiets bevorzugten Anliegen, nicht aus Gründen der Selbstgefälligkeit, sondern weil ihm die eigene Person jederzeit zur Verfügung steht. Wenn er sich selber im Spiegel betrachtet, beschränkt er sich auf das Wesentliche, das heisst, ihm ist nicht so sehr an der Ähnlichkeit gelegen, die sich wie von selbst ergibt,

71
Die Sternsinger, 1973
Öl, ca. 150 × 190 cm
Privatbesitz

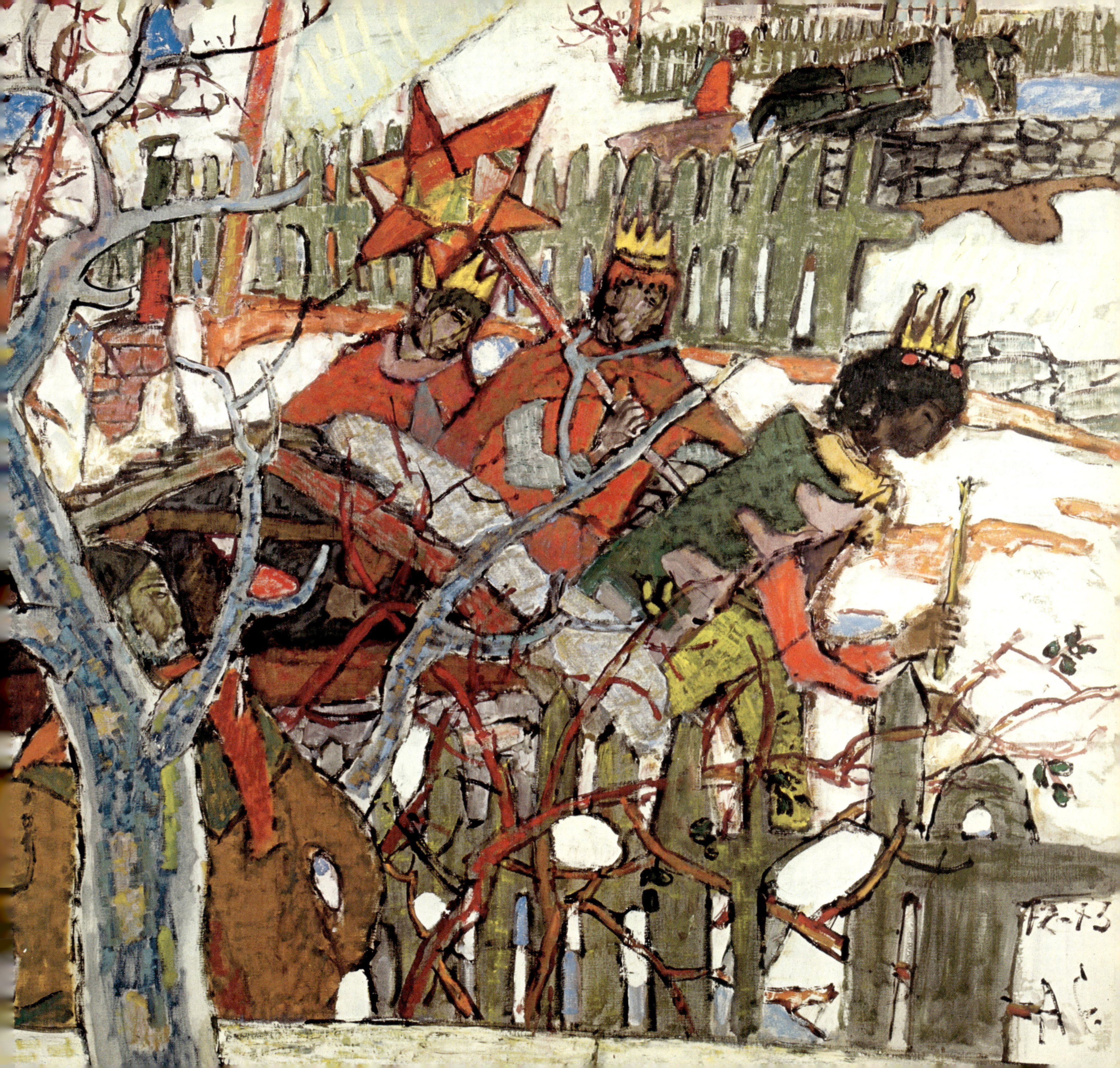

sondern an der Herausarbeitung eines Zustands der Skepsis und Besinnlichkeit.

«*Die gefiederten Freunde*» waren schon immer Carigiets gerne gewähltes Thema, wie dies bereits aus den Bildtiteln des Solothurner Ausstellungskataloges von 1948 hervorgeht. Die Vögel der Berge sind seine erklärten Lieblinge; bei ihnen befindet er sich vermutlich stets im Zwiespalt, ob er sie in ihrer ganzen natürlichen Pracht wiedergeben oder ihnen heraldischen Wappencharakter, eventuell Symbolkraft verleihen soll. Er hat freilich einerseits je länger je mehr auf die malerische Herausarbeitung des schönen Gefieders seiner Vögel verzichtet und anderseits besonders in den letzten Jahren Lösungen gefunden, welche die Kraft dieser herrlichen Tiere widerspiegeln. Seine Vogelbilder werden naturkundlicher Kenntnis und Beobachtung gerecht und verkörpern zugleich malerisch teils ihr ungestümes, teils lauernd-verhaltenes Wesen. Auf jeden Fall hat Carigiet seine schwebenden und gleitenden Freunde nie verniedlicht.

Der künstlerische Begriff der «*touristischen Szene*» ist bei ihm weit gefasst. Es handelt sich um folkloristische, sportliche oder verkehrstechnische Motive. Die Skala reicht von der Skilift-Szene bis zum Sattelplatz in seiner leuchtenden Farbigkeit. Diese Bilder sind von besonderer Lebensfülle und Dynamik, obgleich ihnen vielfach eine seltsame Insichgekehrtheit und Ruhe eigen ist. Man hat stets das Gefühl, als wolle der Maler bei solchen Themen den Rhythmus der Bewegungsabläufe dämpfen. Wenn er sich zum Beispiel mit dem «Skivolk», wie er es nennt, beschäftigt, so wird die Situation nicht von überschäumender Stimmung beherrscht, sondern die Figuren wirken fast ein wenig schemenhaft, zumindest unpersönlich oder verschlossen. Dieser Effekt wird vom Künstler bewusst erzielt, weil er vermutlich auch diese Sujets einem zu nahen Naturalismus entheben möchte.

73
Ausfahrt ins Rosegtal, 1966
Öl, ca. 130 × 150 cm
Privatbesitz

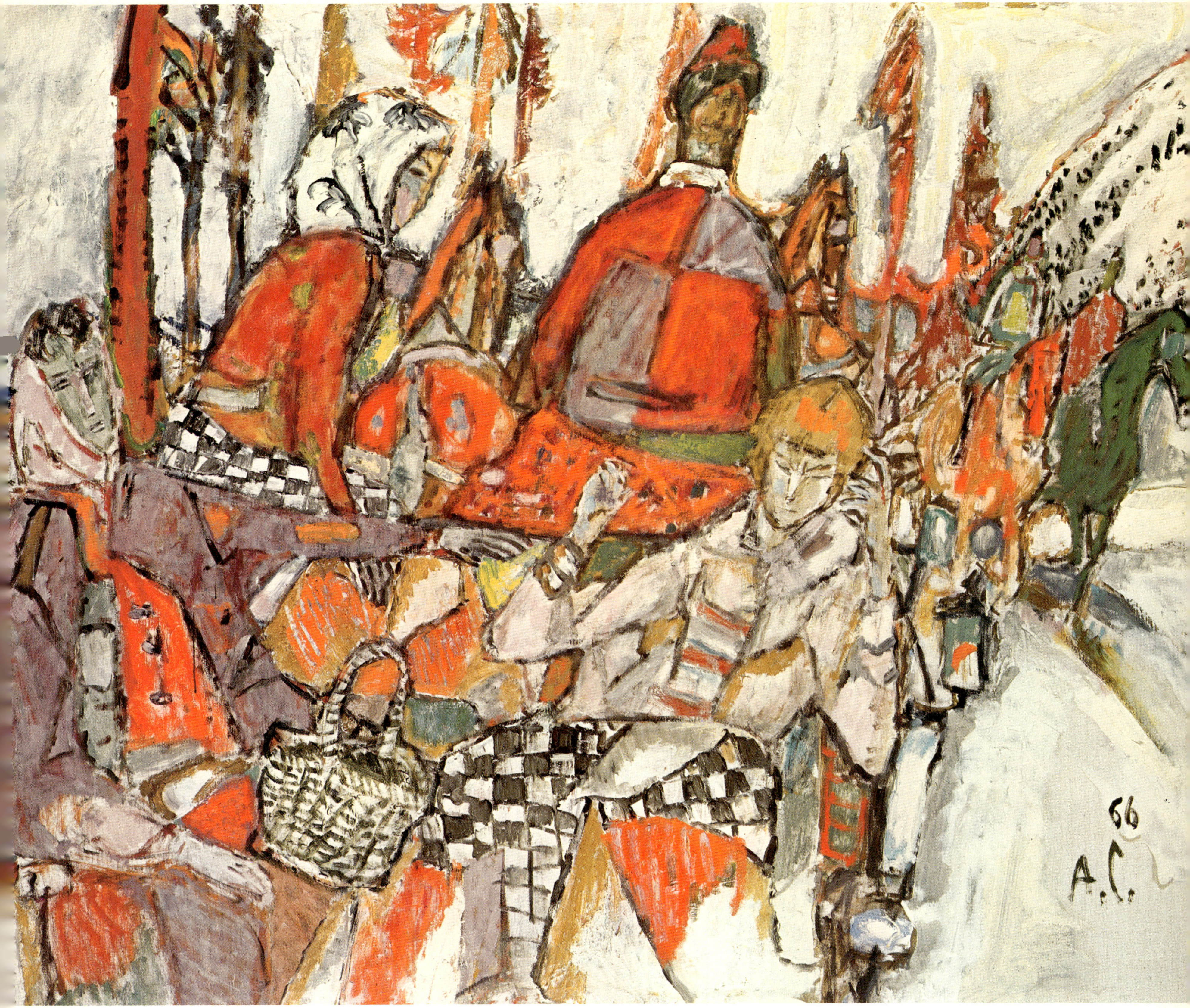
66
A.C.

In letzter Zeit hat sich Carigiet vermehrt der Gegenüberstellung von *Natur und Technik* zugewandt, um den grotesken oder auch beängstigenden Zusammenprall zweier Prinzipien sichtbar zu machen. Er setzt sich gegen die unaufhaltsame Technisierung nicht grundsätzlich zu Wehr; ihn interessiert u.a. die durch sie entstehende Spannung im Naturgeschehen. Ähnlich verhält es sich mit Carigiets neuen Versionen von Kraftfahrzeugen. An diesen fesselt ihn besonders der Rhythmus, das Tempo und die geheime Schönheit des Maschinellen, die er zeichnerisch eindrucksvoll formuliert.

Das Thema «*Menschen in der Stadt*» dient ihm zum Anlass, um sich mit Menschen auseinanderzusetzen, die in ihrer räumlichen Umgebung agieren. Es handelt sich meistens um Frauen, die in ihren Stuben auf barocken Stühlen sitzen, umgeben von ebenso formen- wie farbenreichen Utensilien und Nippsachen. Auch beschäftigt sich Carigiet mit Frauen in Kaufhäusern, denen er die Form von Gliederpuppen verleiht, wobei er sich eines besonderen linearen Systems mit vorwiegend vertikaler Anordnung durch Betonung der Hochbeinigkeit bedient. Wenn man diese fragilen, wie leicht schwebenden Gestalten mit den kraftvollen malerischen Werken anderer Themen vergleicht, z.B. mit den touristischen Szenen, so wird die Spannweite von Carigiets künstlerischem Schaffen in hohem Mass offenbar.

«*Die stillen Dinge*», wie er bekanntlich seine poetisch empfundenen Innenräume nennt, nehmen bei ihm eine Sonderstellung ein. Das Kompositorische und die Farbgebung gelingen ihm jeweils auf spielerische Weise. Er vermag dem Hang zur feinen Ornamentalisierung auf eine unbeschwerte Art zu frönen. Wie fast von selbst reiht sich Detail an Detail, und jede Einzelheit wird mit den Farben eines gedämpften Saitenspiels leise zelebriert. Die Stilleben-Motive entstehen nicht nach Vorbildern, sondern indem

75
Die Amazonen, 1974
Öl, 65 × 90 cm
Privatbesitz

75

Carigiet seiner schöpferischen Fantasie freien Lauf lässt. Diese Werke gehören zum Schönsten und Edelsten, was der Maler hervorbringt, und sie erfreuen sich naturgemäss grosser Beliebtheit.

«*Die Harlekinaden*» zählen zu den persönlichen, intimen künstlerischen Arbeiten Alois Carigiets. Er hat sich im Lauf der Jahre immer wieder damit beschäftigt. Die bereits erwähnten Selbstbildnisse nehmen oft Züge von Harlekins, Clowns, Bajazzos, Narren an, die als Metaphern von Carigiets persönlicher Existenzlage angesehen werden dürfen.

Der Maler identifiziert sich zweifellos mit ihnen. Zieht ihn die Tarnung des Possenreissers an, der unter der Maske seine Melancholie oder Lebensangst verbirgt? Oft stellen diese Clowns die Frage nach dem Sinn des Daseins; auch drückt sich in ihren Gesichtern Resignation aus, oder es scheinen in ihnen gar Carigiets halbbewusste Zweifel an der eigenen künstlerischen Berufung auf, die er freilich durch die Qualität gerade dieser Darstellungen im Keim erstickt. Sehr oft kontrastiert bei derartigen Bildern der ernste Gesichtsausdruck mit den bunten Farben des Narrenkleides, was auf die zwitterhafte Bedeutung dieser Kunstfiguren hinweist. Auf alle Fälle beschäftigt sich Carigiet immer wieder mit diesem beziehungsträchtigen, auf mannigfaltige Weise deutbaren Thema.

Einen mit den Harlekinaden verwandten Symbolgehalt hat die Darstellung von «*Ross und Reiter*». Auch wenn sich eines der Pferde im Trab oder Galopp befindet, erscheinen die Situationen merkwürdig still, fast lautlos, wie wenn es sich um Wesen aus einer fremden Welt handeln würde. Der formale und farbliche Lebensbezug ist wohl vorhanden, aber die ganze Atmosphäre wirkt entrückt, faszinierend und geheimnisvoll, mitunter sogar unheimlich. Ähnliche Assoziationen melden sich bei Bildern mit dem Motivkreis *Mensch und Hund* oder von anderen Tieren. Übereinstimmung zwischen beiden Lebewesen ist nicht immer erkennbar.

77
Reiter bei Celerina, 1966
Öl, ca. 75 × 110 cm
Privatbesitz

77

Da Carigiet selten unbewegte Bilder malt, nimmt seine Themenwelt etwas Vibrierendes an, das heisst, die Zeichnungen und Gemälde scheinen nach der Fertigstellung weiterzuleben, weiterzuwirken, nicht zur Ruhe zu kommen. Alles ist im Fluss, und auf diese Art ergibt sich ein erregtes, fluktuierendes Bildgeschehen, das des Künstlers lebensvolle Präsenz und innerste Beteiligtheit widerspiegelt. Die Menschenfiguren wechseln ihre Gestik und ihr Gehabe immer wieder. Die erwähnte Langgliedrigkeit seiner Gestalten tritt nur in Erscheinung, wenn es sich um introvertierte oder zumindest nachdenkliche Menschen handelt, welche die Last des Daseins oder ihrer momentanen Verfassung zu erdrücken droht; andererseits gibt es zahlreiche figürliche Versionen – z.B. bei manchen Frauenbildern – in denen ihre Lebensfülle unvermittelt zum Ausdruck kommt.

In Carigiets Werken kann man stets ein Gefühl für Rhythmus, für musikalische Bewegung beobachten. Es erstaunt nicht, dass er ein passionierter Tänzer war, der die Jazz-Synkopen ebenso liebte wie die melodiösen Weisen. Auch seine starke Beziehung zur schauspielerischen Mimik und Gestik, die er mit seinem Bruder Zarli gemein hat, wird bei vielen Arbeiten spürbar.

79
Annemaria und Monica, 1942
aquarellierte Zeichnung, 46 × 43 cm

79

80
Pistenvolk, 1975
Öl, 130 × 90 cm

81
Skivolk, 1975
Öl, 130 × 110 cm

81

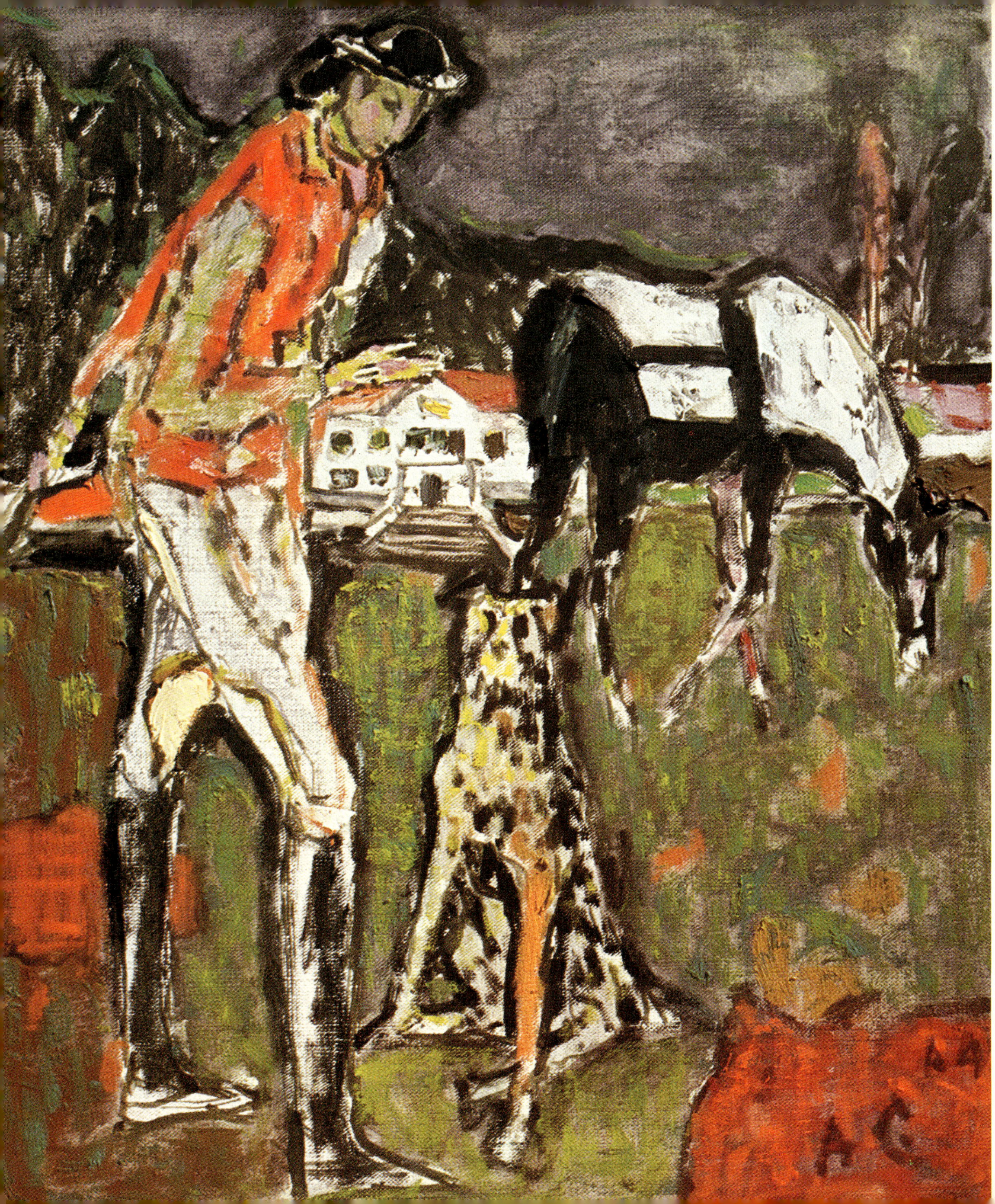
44
AG

83

Die Wandmalerei

Die für das Cabaret «Cornichon» ausgeführten Bühnendekors und die folkloristischen Panneaux in der Basler Mustermesse waren wertvolle Vorstufen zur Wandmalerei Alois Carigiets. Dazu kamen noch seine zahlreichen Festsaal-Dekorationen für namhafte Bündner Hotels. Alle diese Auftragsarbeiten ermutigten ihn, den Weg zur Auseinandersetzung mit historischen, allegorischen und symbolischen Themen auf der Wandfläche zu beschreiten.

Seine Wandbilder im Zürcher «Muraltengut», im Grossratsaal von Chur und die Fassadenmalerei in Stein am Rhein – um nur einige der wichtigsten zu nennen – haben seinen Namen als muralen Monumentalkünstler bekannt gemacht. 1949 wurde ihm in einem allgemeinen Wettbewerb der Stadt Zürich unter rund fünfzig Teilnehmern die Ausführung eines Wandbildes im «Muraltengut» zugesprochen. Er arbeitete an diesem Werk bis 1951 und nannte es «Allegro con spirito». Es sei hier daran erinnert, dass Le Corbusier angesichts dieser Arbeit, die bis heute nichts von ihrer zauberhaften Wirkung eingebüsst hat, ausrief: «Voilà un maître! Qui a fait ça?» Eine überzeugendere Anerkennung dieses Pioniers moderner Architektur und bedeutenden Malers liesse sich nicht denken.

Während beim Wandbild im «Muraltengut», in Übereinstimmung mit dem von Mozart inspirierten Motto, tänzerische, spielerische und musikalische Komponenten in Zeichnung und Farbgebung vorherrschend sind, weist sich die Fassadenmalerei am «Schwarzen Adler» in Stein am Rhein, die dem sinnvollen Thema «Die schönen und guten Dinge des Lebens» gewidmet ist, durch betonte Farbigkeit, lebhaftere malerische Akzente und formalen Reichtum aus. Das riesig dimensionierte, die gesamte Stirnseite einnehmende Wandbild im Sitzungsaal des Bündner

82
Frau im Park, 1964
Öl, ca. 70 × 45 cm
Privatbesitz

83
Das Badetuch, 1969
Öl, ca. 60 × 45 cm
Privatbesitz

85
Stilleben, 1952
Öl, 110 × 118 cm

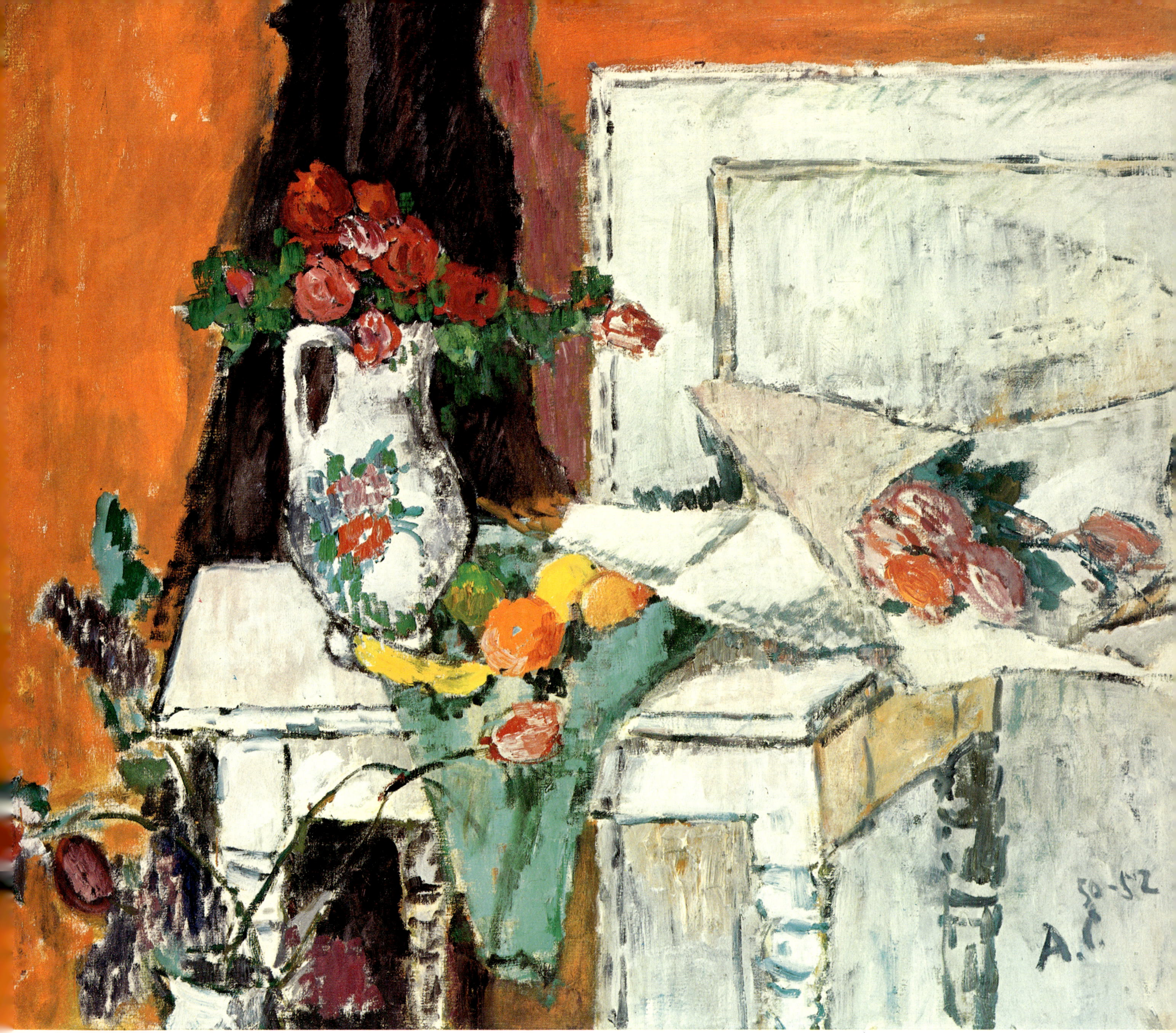
50-52
A.C.

Grossen Rates in Chur mit dem Titel «Zusammenschluss der Drei Bünde» ist in den Farben eher zurückhaltend. Die das Thema bestimmenden Figuren weisen eine deutliche Vertikalanordnung auf. Dieses Element ist in Carigiets Formenwelt – vor allem, was die Wandbilder anbetrifft – eigentlich selten. Der jeweilige Stilwechsel dieser drei genannten wichtigen Wandmalereien erfolgte in einem Zeitraum von rund zehn Jahren. Das ist nicht nur auf inneren Wandel zurückzuführen, sondern belegt Carigiets Fähigkeit, bei einer bestimmten Aufgabe den künstlerischen Charakter jeweils auf die räumlichen Verhältnisse und die Thematik abzustimmen.

Carigiet äusserte besonders bei einigen Wandmalereien in Innenräumen den ausdrücklichen Wunsch, mit einem Malgrund arbeiten zu dürfen, der die Oberflächenstruktur des Staffeleibildes besitzt, natürlich ohne den Federungseffekt der gespannten Leinwand. So verzichtete er darauf, sich der bewährten Freskotechnik zu bedienen, weil sie kaum Korrekturen gestattet und liess beispielsweise auf die Wände im «Muraltengut» eine Spezial-leinwand kleben, die dann mit einer matten, farblosen Grundierung versehen wurde. Er arbeitete mit Pinsel und Spachtel und übertrug die Farben direkt auf den präparierten Malgrund. In Stein am Rhein war die Fassadenmalerei an der Aussenwand naturgemäss erschwerenden Bedingungen unterworfen. Carigiet liess auf die Mörtelschicht einen speziellen Malgrund auftragen und arbeitete hierauf mit Keimschen Mineralfarben; nach der Fertigstellung der Arbeit machte er die Wände mit einem Fixier-mittel wetterbeständig.

Der Künstler, welcher sich einem Wandbild widmet, steht unter besonderem Leistungsdruck; dieser Aufgabe kommt mehr Endgültigkeit zu als einem Staffeleibild. Solche gesteigerte Belastung vermochte Carigiet aber auch zu beflügeln. Jedes Wand-bild entsteht in einem bedeutend grösseren Zeitraum als die Arbeit auf der Staffelei. Auch ist der Gestaltungsrhythmus sehr unterschiedlich, weil – im Gegensatz zur manchmal relativ raschen Malweise eines Tafelbildes – stets wieder neu begonnen werden muss. Die Fertigstellung erstreckt sich in der Regel, zum Beispiel im «Muraltengut», auf mehrere Monate, ja Jahre.

Das wandbildnerische Schaffen nimmt in der Rückschau auf Carigiets Werk eine dominierende Stellung ein. Es musste jeweils zwischen anderen Aufgaben bewältigt werden und beanspruchte ihn restlos. Er hat sich indessen den Wandbild-Problemen rückhaltlos gestellt und dadurch seine einst robuste Gesundheit eingebüsst. Die Frage, ob sich das Opfer für ihn gelohnt habe, beantwortete er ohne Zögern mit einem überzeugten Ja.

Er schrieb einmal in seiner bildhaften Sprache: «Ich erfuhr das Glück und die Ehre, von meiner engeren Heimat mit der vornehmsten Aufgabe, die sie zu vergeben hatte, mit der Ausmalung des Grossratssaales betraut zu werden. Ich malte in einem Bankhaus in Zürich den Bilderzyklus ‹Der Falkner›. Ich erzählte darin die Geschichte des reichen Mannes, der auf der Jagd nach dem Glück die verschiedenen Lebensstadien durcheilt, um – weise geworden – im Garten der Resignation auf der Erde kauernd über die wahren Werte des Lebens nachzusinnen. Beim Aufzählen meiner Themata für Wandbilder wird mir so recht bewusst: Ich malte erzählend – und ich beschrieb malend.»

88
Warenhaus, 1973
Öl, 100 × 80 cm
Privatbesitz

89

89
Frau am Lido, 1961
aquarellierte Zeichnung,
ca. 25 × 35 cm

90
Am Lido I, 1961
laviertes Pastell, 36 × 49 cm

91
Am Lido II, 1961
laviertes Pastell, 36 × 49 cm

90

91

Ganoff auf Aigina

A. Carigiet

Die Lithografien

Da beabsichtigt ist, das lithografische Schaffen von Alois Carigiet in einer Sonderpublikation zu behandeln, beschränken wir uns darauf, dieses Gebiet seiner grafischen Kunst nur kurz zu streifen. So soll auf Gehalt und Thematik dieser Originaldruckwerke hier nicht eingegangen werden. Es muss auch nicht besonders betont werden, dass Carigiets Lithografien beliebt, ja weltweit bekannt sind. Das beinahe Endgültige, dem die Lithografie ihren ganz bestimmten Charakter verdankt, lockt ihn, wenn er auch in der Lage ist, auf dem Stein gewisse Korrekturen anzubringen oder Andrucke, nachdem sie die Presse verlassen haben, noch farbiger zu gestalten.

Es gibt kaum einen Künstler unseres Landes, der sich mit so ungeteilter Freude und Energie der Lithografie widmet und ihr denselben Rang wie den anderen künstlerischen Techniken beimisst. Dies ist mit ein Grund der Beliebtheit seiner Lithos. Zudem bekommt man mit ihnen relativ preisgünstig ein Werk des Malers in die Hand, das, mit seiner Unterschrift versehen, als Original gelten kann und einen vollwertigen Wandschmuck bildet. Zur Verwirklichung seiner lithografischen Aufgaben hat sich Carigiet vor einiger Zeit der Offizin Matthieu in Dielsdorf bei Zürich anvertraut, die ihm höchste Qualität seiner Blätter verbürgt. An der Farbabstimmung und den Farbauszügen in dieser Kunstanstalt ist der Maler selbstverständlich direkt beteiligt, weil diese technischen Probleme Wert und Wesen der künstlerischen Arbeit mitbestimmen.

Es ist bekannt, und zwar nicht nur in Fachkreisen, dass Carigiet der Lithografiekunst in der Schweiz neuen Auftrieb gegeben hat. Das verdient auch insofern besondere Erwähnung, als die Lithografie in den letzten Jahren durch das Siebdruckverfahren

92
Im Hafen von Aegina, 1962
aquarelliertes Pastell, ca. 45 × 60 cm
Privatbesitz

(Serigrafie) eine fühlbare Konkurrenz erhielt. Diese Vervielfältigungstechnik lässt sich freilich mit der bedeutend näher ans Original heranreichenden Qualität der Lithografie nicht vergleichen.

95
Frauen auf Cos, 1962
aquarelliertes Pastell, 60 × 80 cm

95

Wesen und Bedeutung seiner Kunst

Alois Carigiet stellte einmal etwas resigniert fest: «Im Jahrhundert der ungegenständlichen Kunst mag vielleicht befremden, dass ich erzählend malte und malend beschrieb. Aber es ist schon so – gleichermassen wie die abstrahierende Kunst ihre Ressourcen, ja ihre Rechtfertigung aus dem Musikalischen bezieht, hat die Malerei, möchte ich sagen, meine Neigung zum Poetischen, zum Literarischen beeinflusst. Ob ich dadurch dem Geist der Moderne gerecht werde oder nicht, darf mich nicht berühren.» Und dieses Problem gleichsam abschliessend, gesteht er: «Ungegenständlich oder gegenständlich, konkret, surreal oder wie sonst immer: Ich akzeptiere jede Ausdrucksform, wenn sie ehrlich ist und einem unabdingbaren Bedürfnis entspricht.»

Das sind klare, aber auch tolerante Worte eines Künstlers, der mit seinem jahrzehntelangen gegenständlichen Schaffen eine eindeutige persönliche Stellung bezogen hat. Wir haben ihn immer wieder einen Minnesänger genannt, weil er zeitlebens mit der Malerei Freude bereiten wollte. Mit seiner Kunst, die einer Manifestation der natürlichen Daseinserscheinungen gleichkommt, setzt er sich gegen gewisse Einflüsse moderner künstlerischer Strömungen zur Wehr. Er hat sich stets mit voller Überzeugungskraft gegen den Nihilismus der Kunst durch die Mittel der Kunst ausgesprochen oder – um Carigiets oft zitierten Begriff zu verwenden – gegen eine Verneinung der Werte, denen wir in der Natur ständig begegnen. Er will es nicht wahrhaben, und darin ist er unerbittlich, dass in der thematischen und malerischen Negation ethischer Massstäbe das Heil liegen könnte. Carigiets Malerei ist durchdrungen von den belebenden Kräften, welche er in den Wundern der Natur entdeckt. Um so schmerzlicher muss es für ihn sein, dass seine Malerei nicht nur von der konsequenten Abstraktion

97
Das kleine Bad, 1974
Öl, 65 × 65 cm

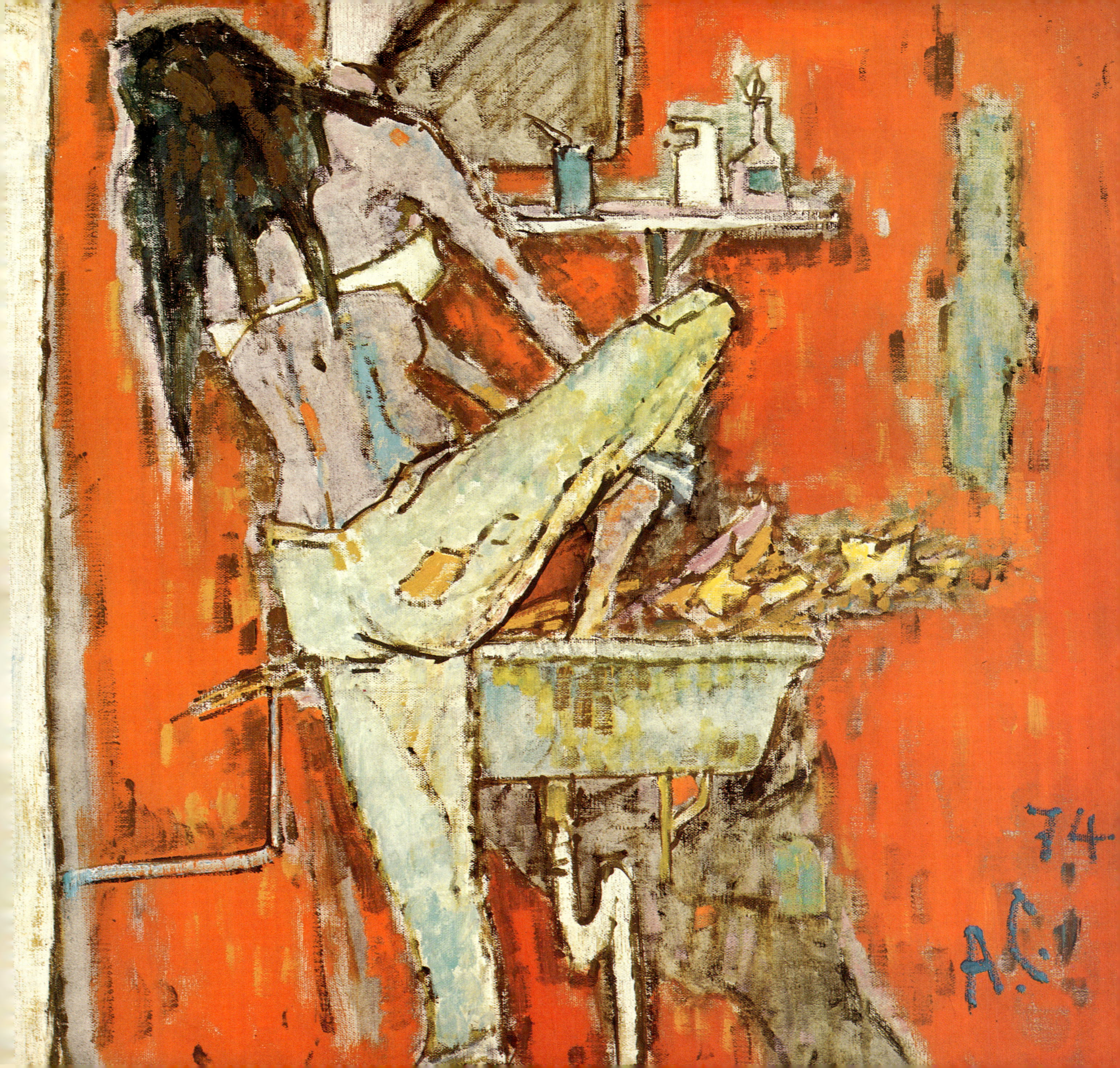
74
A.C.

mit ihren zahlreichen Varianten, sondern auch von experimentellen Richtungen bedrängt wird. Selbst wenn seine Gemeinde der Liebhaber nicht kleiner wurde, mehren sich die Symptome, dass die gegenwärtige Malerei seiner Art nicht mehr entspricht.

Er befindet sich deshalb seit langem in einer militanten und bewussten Abwehr- oder Verteidigungsstellung, wiewohl er sich seiner ehrlichen und enormen Lebensleistung so stark bewusst ist, dass er auf verallgemeinernde und subjektive oder überspitzte Urteile aggressiv reagiert. In gewissen zeitlichen Abständen ereignet es sich, dass junge Kunstinterpreten seine Malerei analysieren und Schlüsse ziehen, die ihrer Einstellung und den Hoffnungen entspricht, die sie an die Entwicklung der Kunst knüpfen. Ihre Forderungen – man kann nicht mehr nur von Wünschen sprechen – sind Carigiets Kunst diametral entgegengesetzt. In dieser Diskrepanz der Kunstauffassungen offenbart sich die Unerbittlichkeit des Generationenproblems.

Es handelt sich bei einer negativen Einschätzung von Carigiets Kunst meistens um Ansätze der Kritik, die auf soziologische, sozial- und gesellschaftskritische Überlegungen zurückzuführen sind. So hat man seinen Werken auch schon Mangel an sozialem Engagement zum Vorwurf gemacht. Hier stellt sich die Frage, inwieweit überhaupt künstlerische Arbeiten eine Besserung sozialer Zustände bewirken können. Carigiet ist der Ansicht, dass er vor allem durch die Beharrlichkeit, mit der er seine lebensbejahenden Bilder male, harmonische Kräfte mobilisiere.

Er kann sich darauf berufen, dass es in der Kunstgeschichte genügend Beispiele gibt – Rembrandt, van Gogh u.a. –, die belegen, auf welche Weise solch gläubige Künstler durch ihre Darstellungen mit humanen Problemen fertig wurden. Haben die Genannten sich direkt engagiert und darf man die Frage aufwerfen, inwieweit die Thematik ihrer Werke eine starke

99
Mädchen im Park, 1966
Öl, ca. 60 × 80 cm
Privatbesitz

100
Mädchen mit Dalmatiner, 1966
Öl, ca. 60 × 80 cm
Privatbesitz

Wirkung aufs Publikum ausübte? Das Mitleid mit den Menschen kann eine unbändige Triebfeder zur überzeugenden Lösung sozialer Fragen sein; jedoch ausschlaggebend für den Künstler wird das leidenschaftliche Bestreben bleiben, das, was ihm vorschwebt, möglichst glaubwürdig und plastisch Gestalt werden zu lassen.

Carigiet sieht seinen künstlerischen Auftrag darin, die Wahrnehmungen der Natur, die Besinnlichkeit menschlicher Verrichtungen, die Schönheit der «stillen Dinge» so wiederzugeben, dass sich der Betrachter erhoben fühlt. Darin gipfelt sein künstlerischer Glaube, und er ist überzeugt, dass er mit seinen Themenstellungen mehr zu bieten vermag, als wenn er sein Werk mit schwerwiegenden sozialen Problemen belasten würde. Er verhehlt nicht, dass er mit der Malerei dem sinnenhaften Erleben Tribut zollen und seinen Freunden dementsprechende visuelle Genüsse vermitteln möchte. Seine Bilder sind rückhaltlose Verkündigungen der Freude am Dasein, die um so höher veranschlagt werden müssen, als sich die anhaltenden Schmerzen ihres Urhebers nicht in ihnen niederschlugen – im Gegenteil, die Werke sind von einer positiven Leuchtkraft erfüllt.

Im Grunde sind alle Arbeiten Carigiets Selbstidentifikationen, denen er Kräfte verleiht, dass seine Freunde und Bewunderer sich ihrem Zauber nicht entziehen können.

Wir sind von der Wiedergeburt gegenständlicher Kunst überzeugt. Wir glauben an Wert, Echtheit und Originalität malerischer Qualität, der wir im Schaffen dieses Künstlers dauernd begegnen. Das Gewicht seiner Kunst wiegt um so schwerer, als die erwähnten Gegenströmungen, welche nicht unterschätzt, bagatellisiert oder gar diffamiert seien, immer weitere Kreise der Kunst erfassen, die eher dem schwerverständlichen, Sinnlichkeit und Anschaulichkeit unbefriedigend lassenden Experiment zuneigen. Weshalb aber sollen eigentlich die beiden extremen Richtungen nicht nebeneinander bestehen können? Gegenseitige Toleranz wäre dem kreativen Klima unseres Landes nur förderlich.

Bei Niederschrift dieser Zeilen erleben wir den Maler Alois Carigiet, wie er Zweifeln oder Anfechtungen zum Trotz seine Felder bestellt, wie er nach geleisteter Arbeit Zeichenblatt um Zeichenblatt beiseite legt, wie er neue Leinwände auf die Chassis spannen lässt und sogleich die schmückenden Bilderrahmen als Gestaltungselement in die Komposition miteinbezieht. Wir beobachten ihn, wie er unverdrossen seinem anforderungsreichen Werk obliegt.

Er hat mit seiner unverbildeten Malerei einen würdigen Beitrag an die Schweizer Kunst unserer Tage geleistet, ohne zu erlahmen, sich bis heute stetig steigernd. Als dieses Buchprojekt vor drei Jahren erstmals zur Diskussion stand, verhiess er uns eine Intensivierung seiner Arbeit. Er hat dieses Versprechen in überraschendem Mass gehalten, von der Hoffnung beflügelt, dass seine gestalterische Kraft ihm und uns noch manches gültige Werk bescheren werde.

103
Die alten Stühle, 1977
Öl, 110 × 130 cm

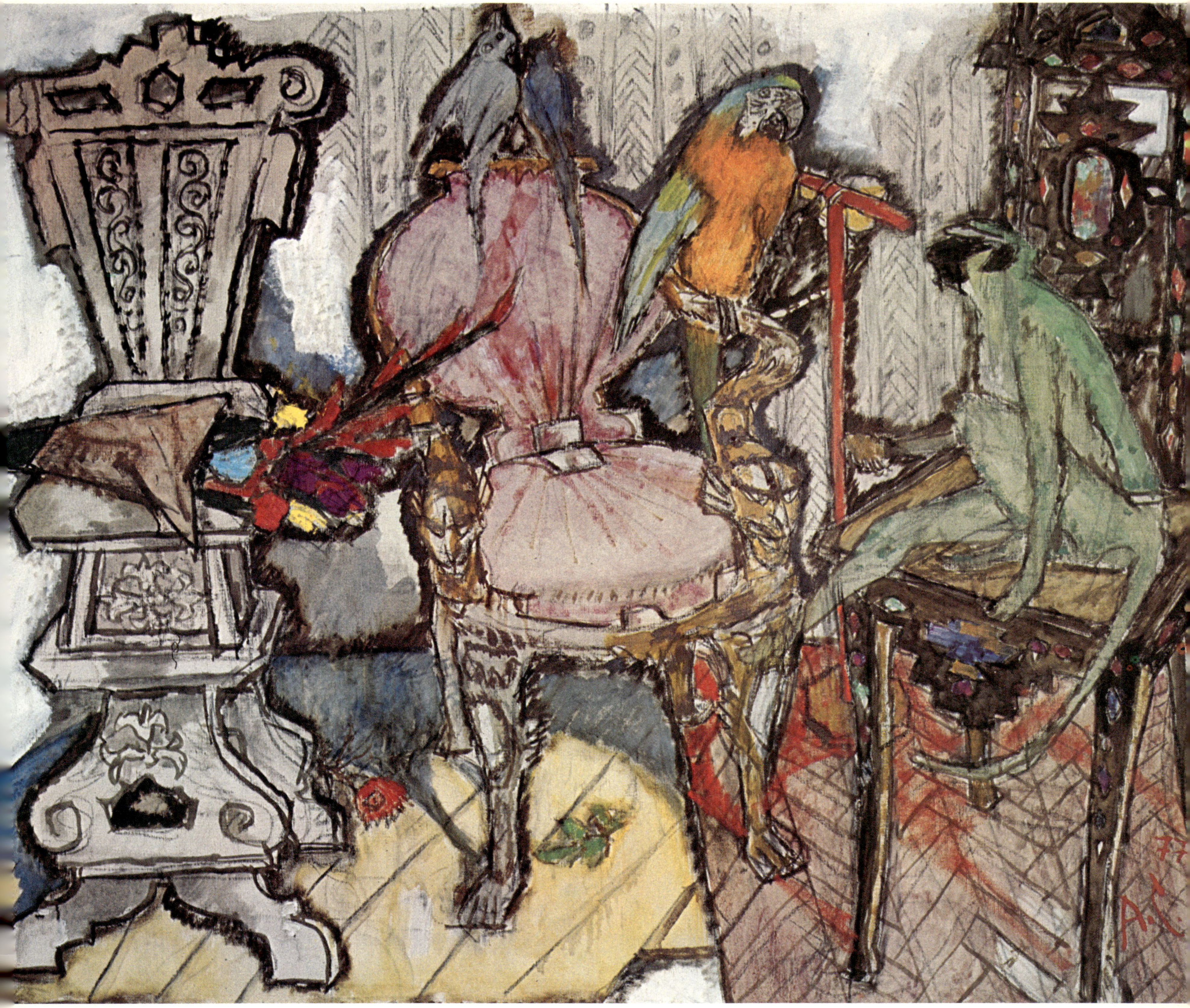

104
Tineli, 1963
Öl, ca. 60 × 40 cm
Privatbesitz

105
Lesendes Mädchen, 1963
Öl, 40 × 60 cm
Privatbesitz

106
Das Badezimmer, 1973
Öl, 110 × 130 cm
Privatbesitz

107
Das Mädchen Isidora, 1973
Öl, ca. 130 × 150 cm
Privatbesitz

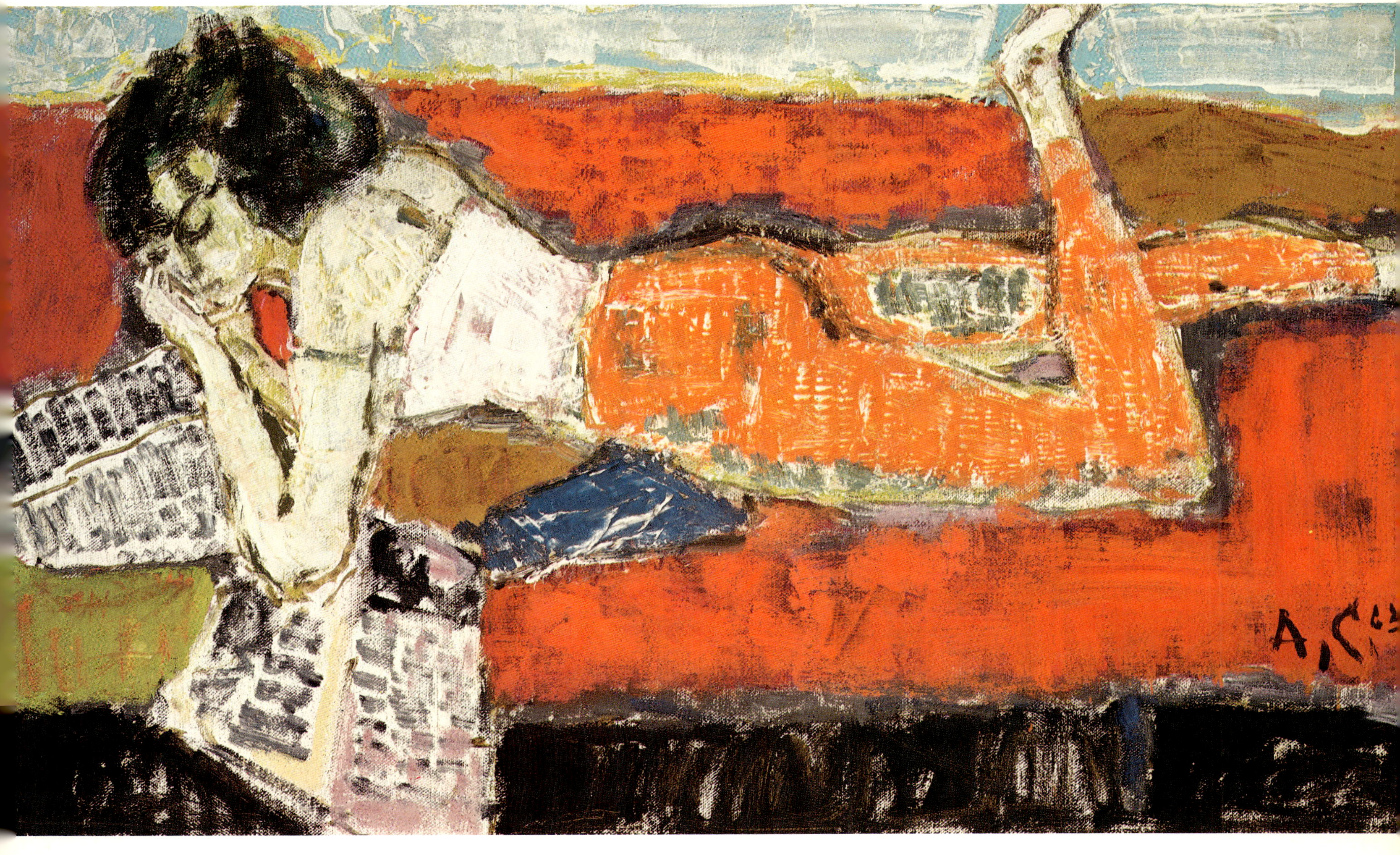

73

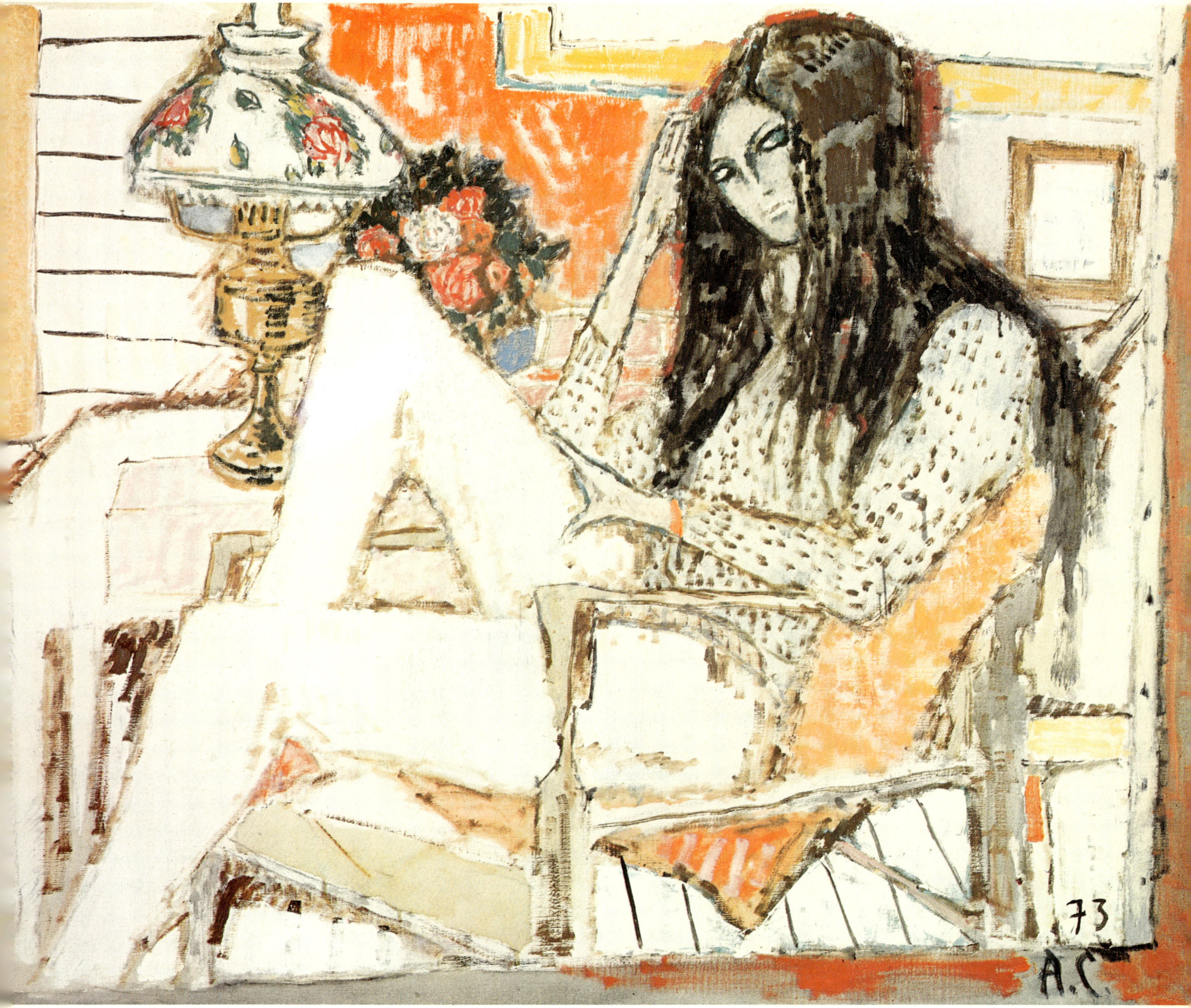
73
A.C

108
Zwei Mädchen im Garten, 1976
Öl, 120 × 85 cm

109
Mädchen im Fauteuil, 1976
Öl, 120 × 85 cm
Privatbesitz

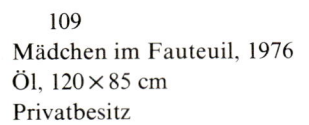

110
Der Brief, 1976,
Öl, 80 × 100 cm
Privatbesitz

111
Mädchen am Spinett, 1974
Öl, 80 × 80 cm
Privatbesitz

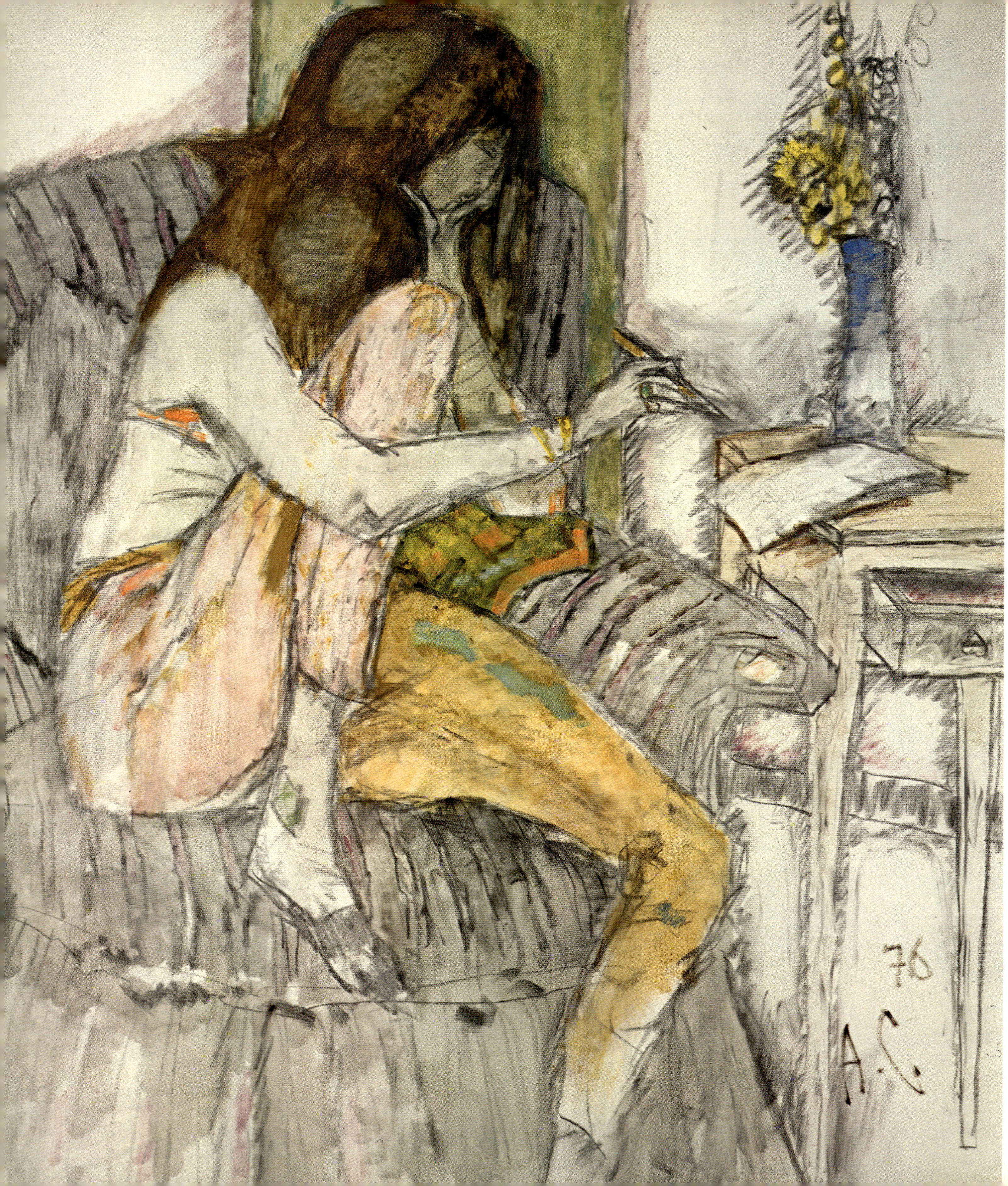
76
A.C.

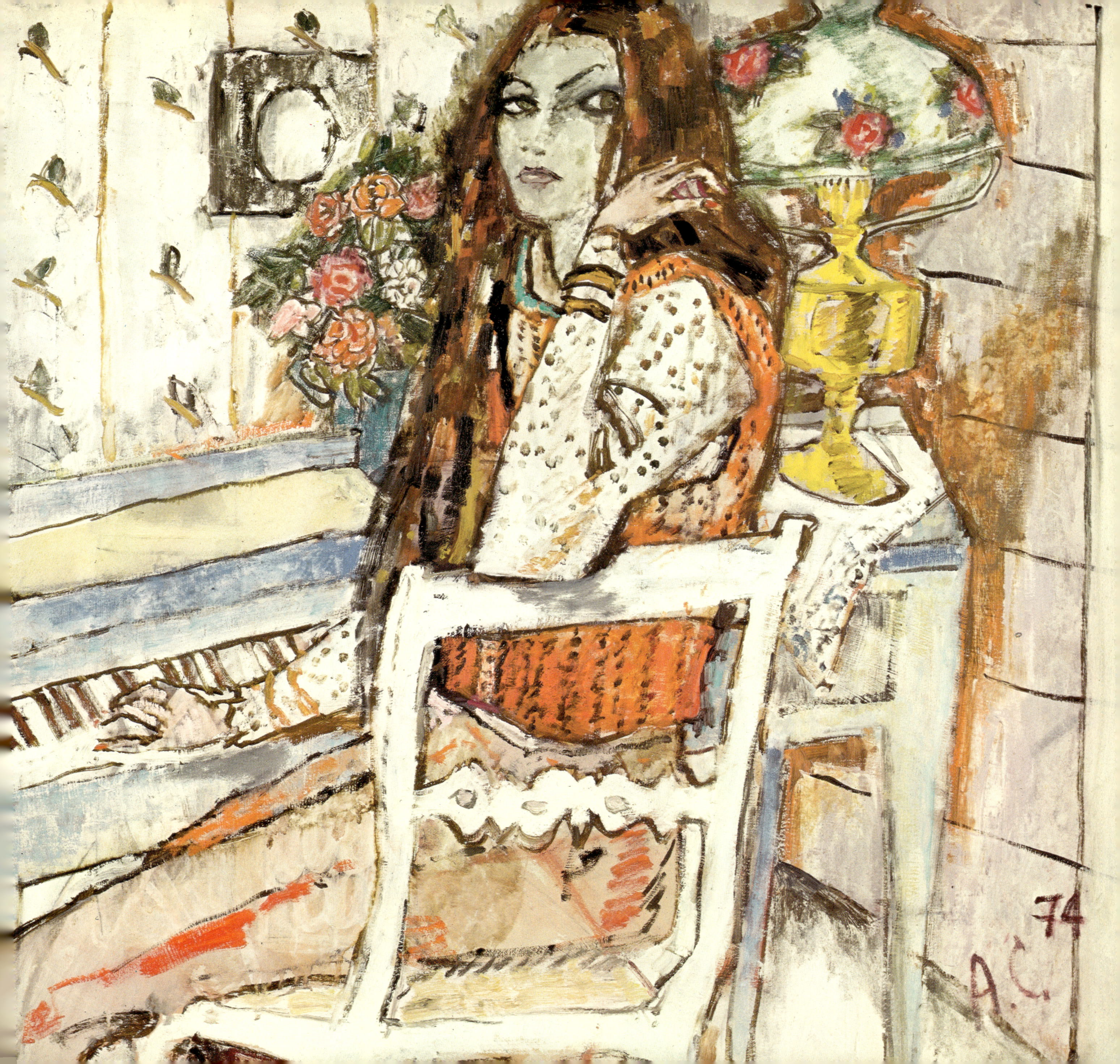
74
A.C.

112
Mädchen vor dem Spiegel, 1958
aquarellierte Zeichnung,
ca. 35×35 cm

113
Evas Tochter, 1958
aquarellierte Zeichnung,
ca. 35×25 cm

114
Figur der Mitte, 1957
Öl, ca. 80×60 cm
Privatbesitz

115
Der Bunte, 1957
Öl, 120×110 cm
Privatbesitz

116
Tanz der Narren, 1977
Öl, 110×130 cm

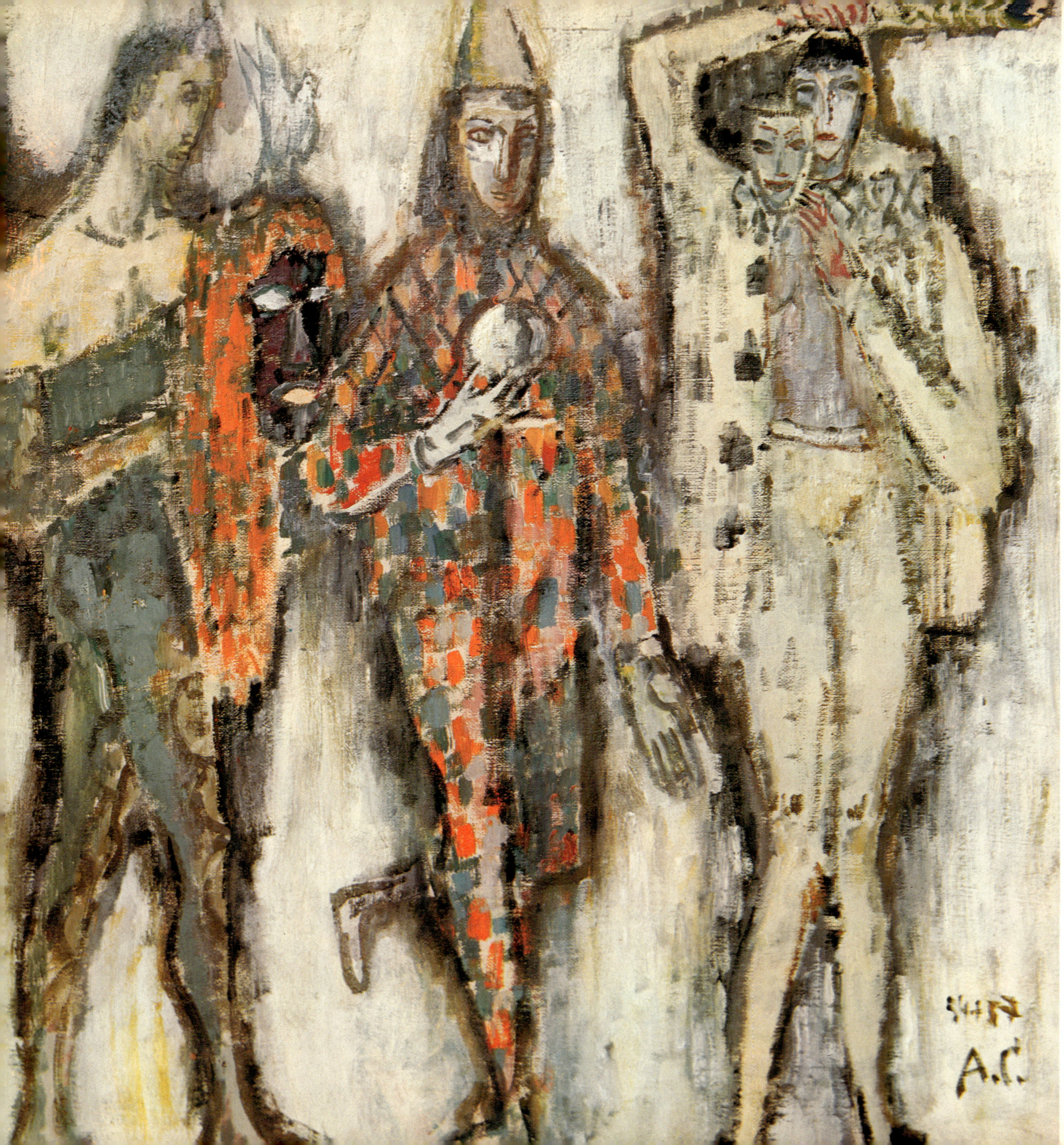
A.C.

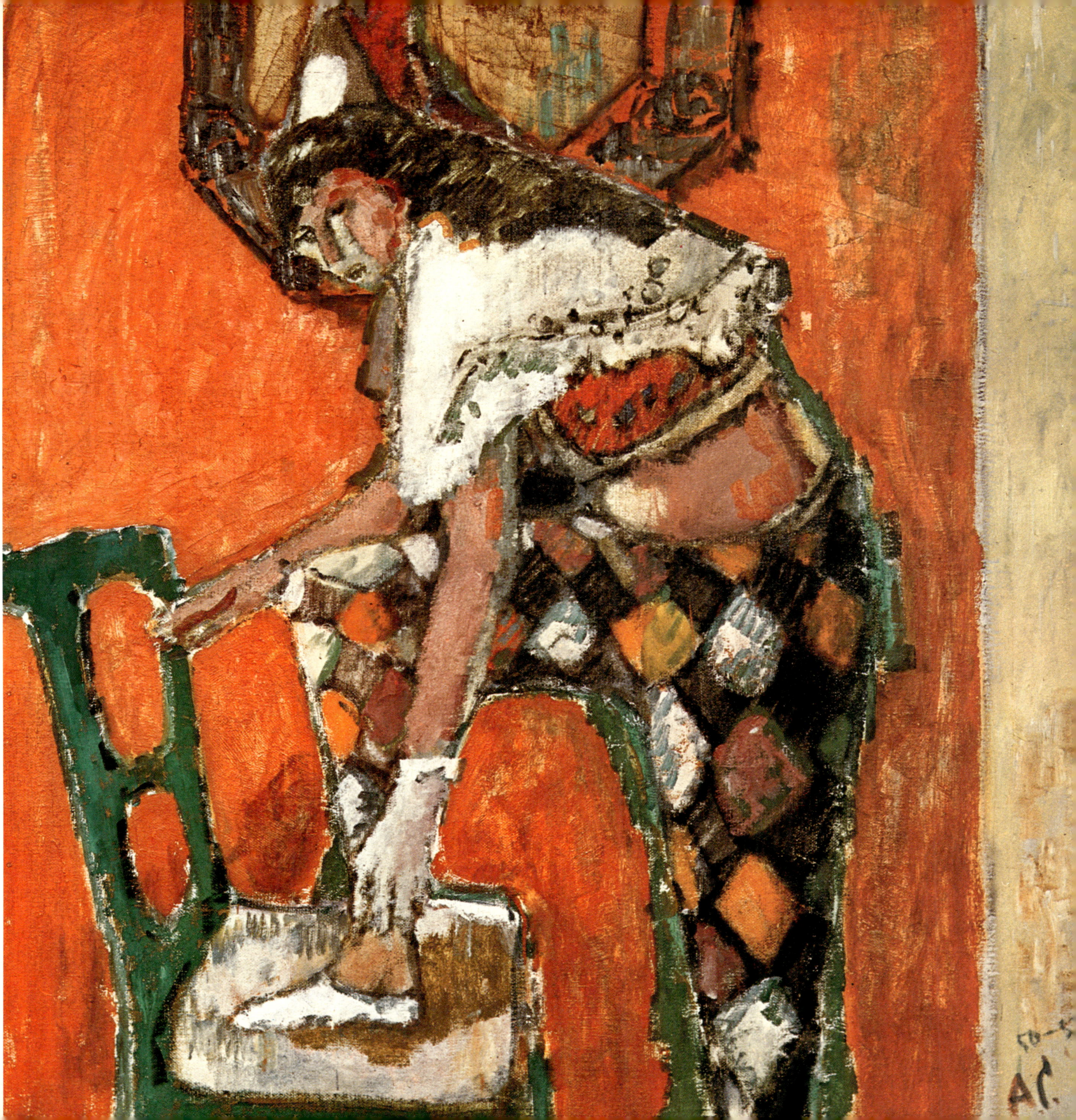

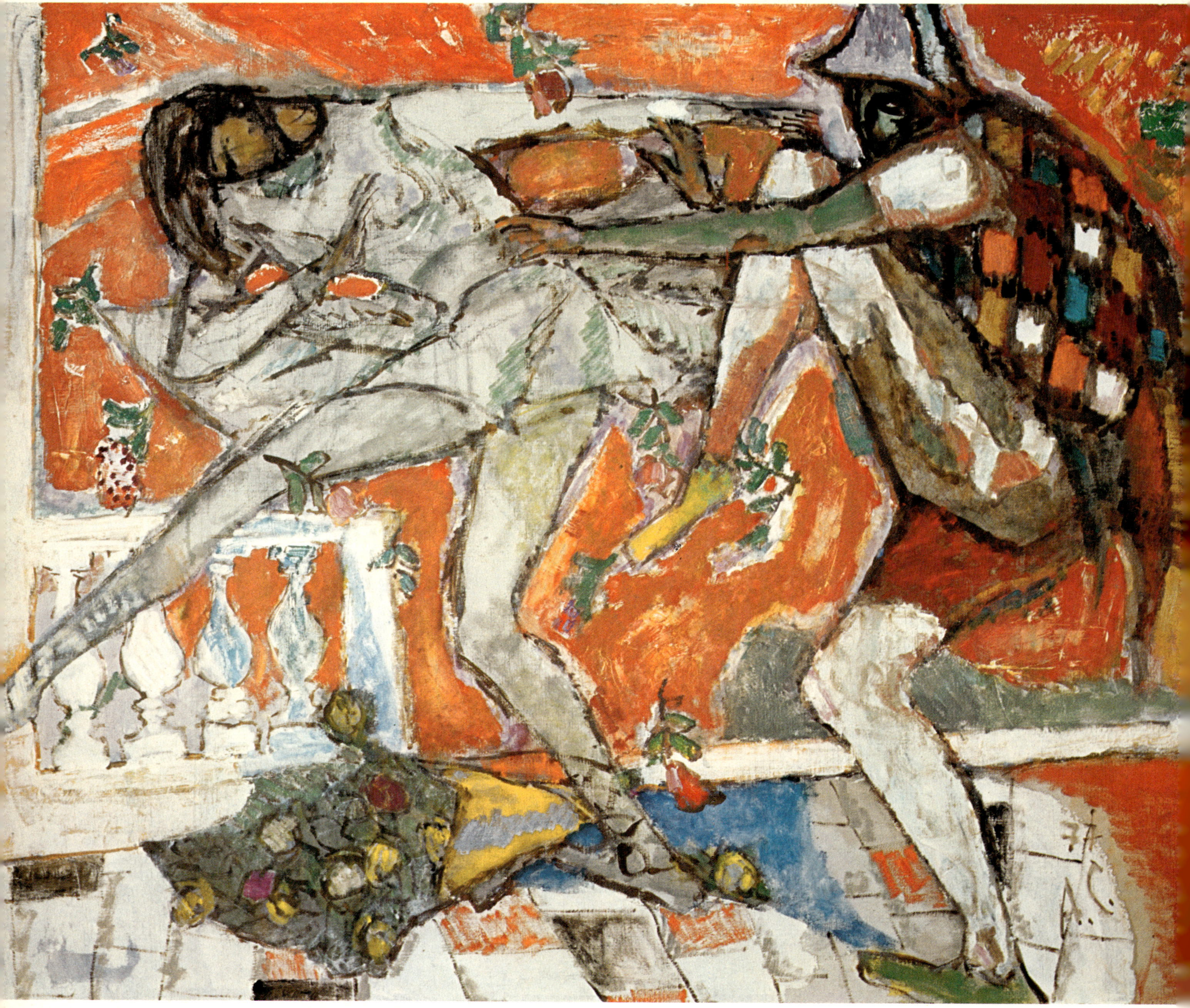

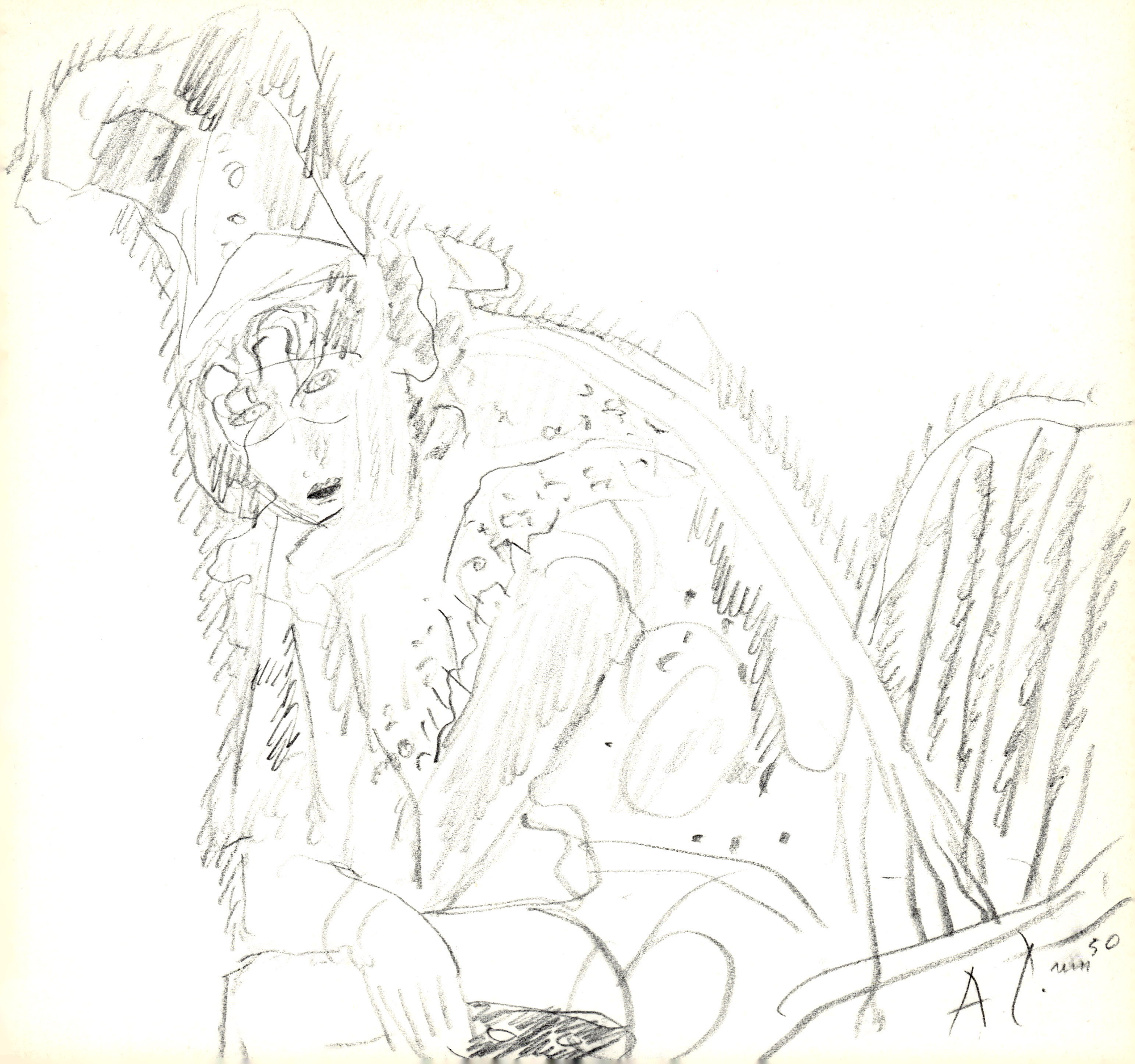

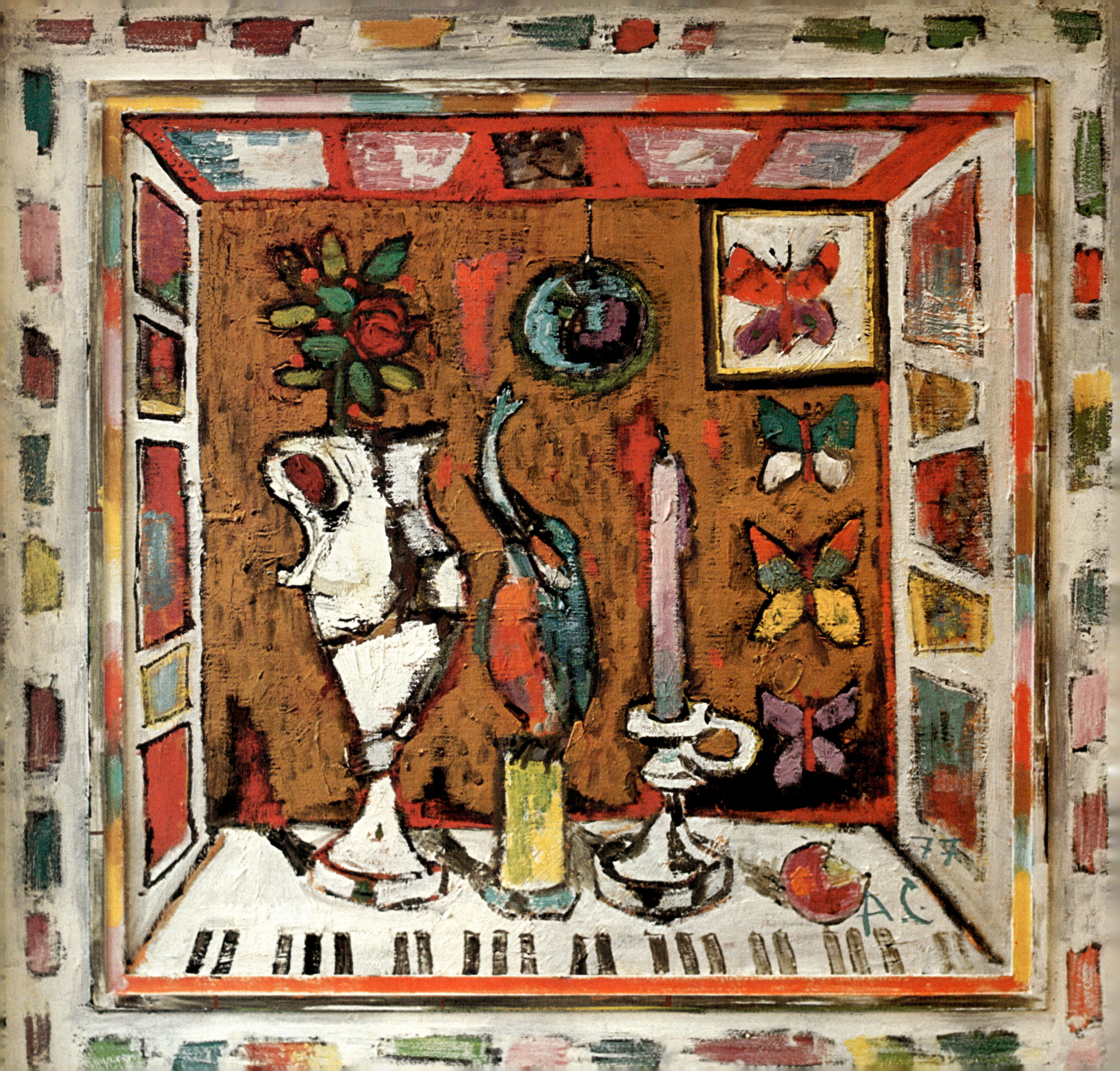
77
A.C.

119

120

Drei Kassetten

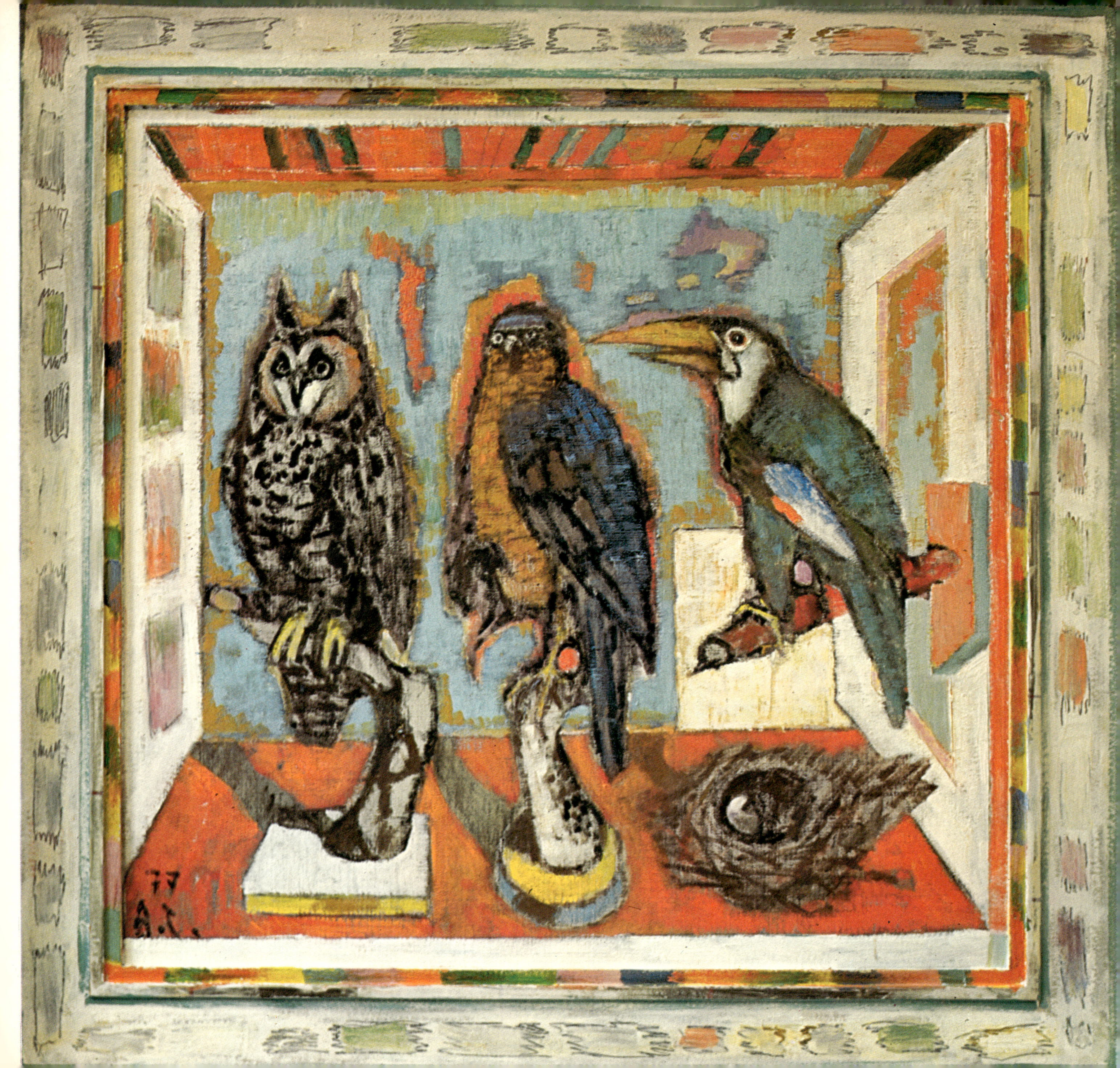

118
Kassette, 1977
Öl, 85 × 85 cm

119
Werbung, 1977
Öl, 89 × 70 cm

121
Ornithologische Vitrine, 1977
Öl, 90 × 90 cm

123
Stilleben, 1977
Öl, 80 × 100 cm

123

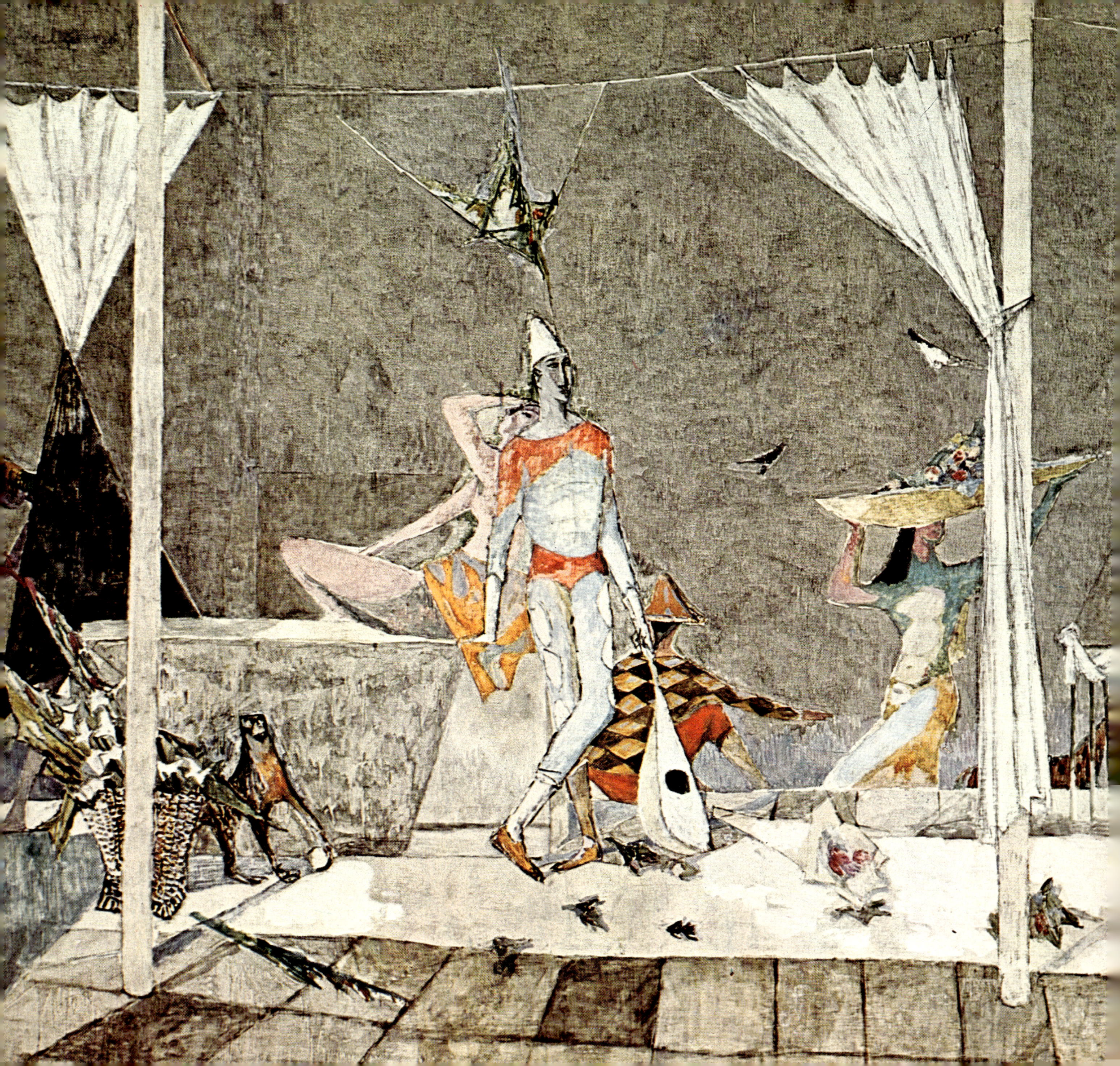

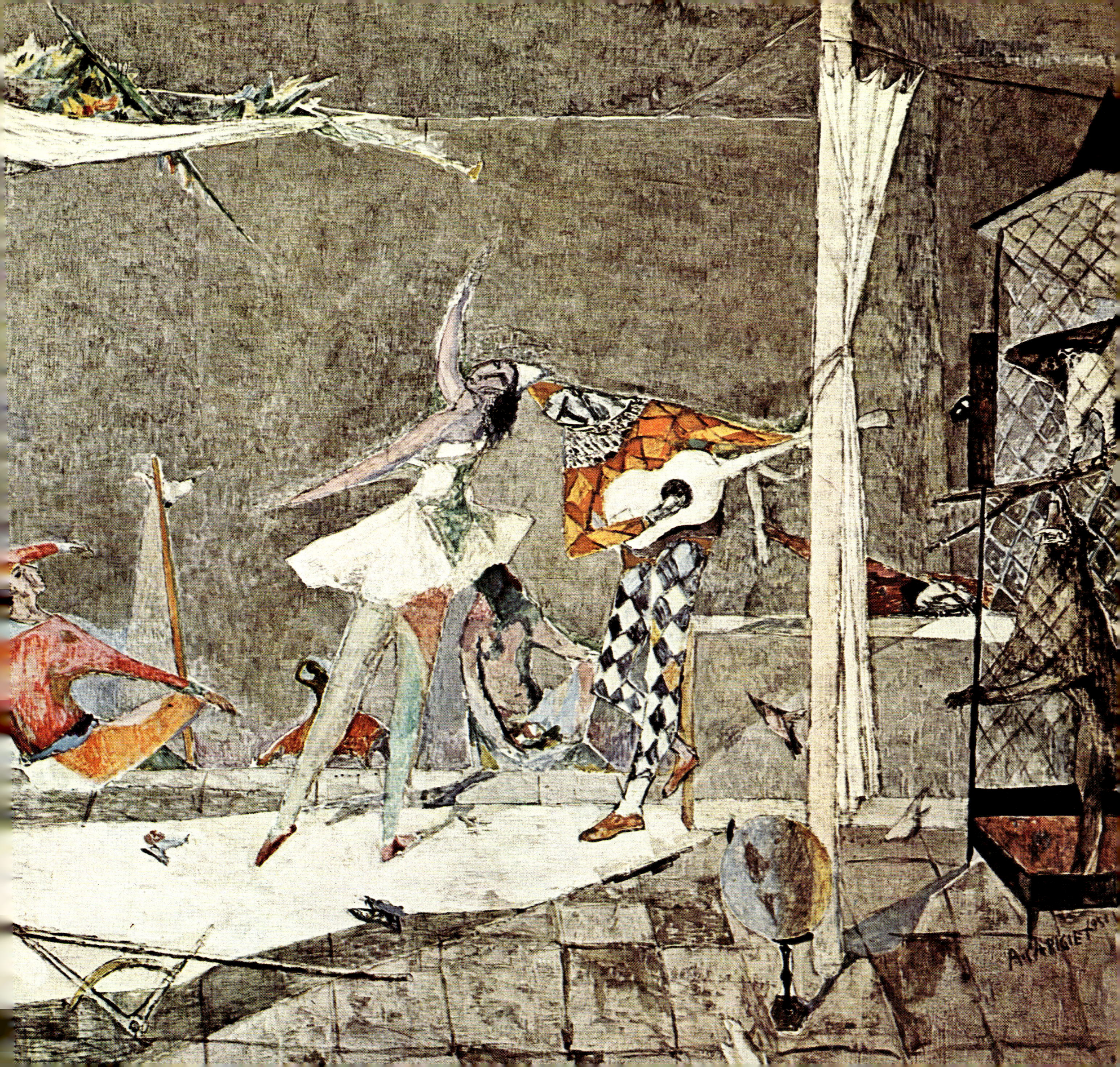
A.CARIGIET 1951

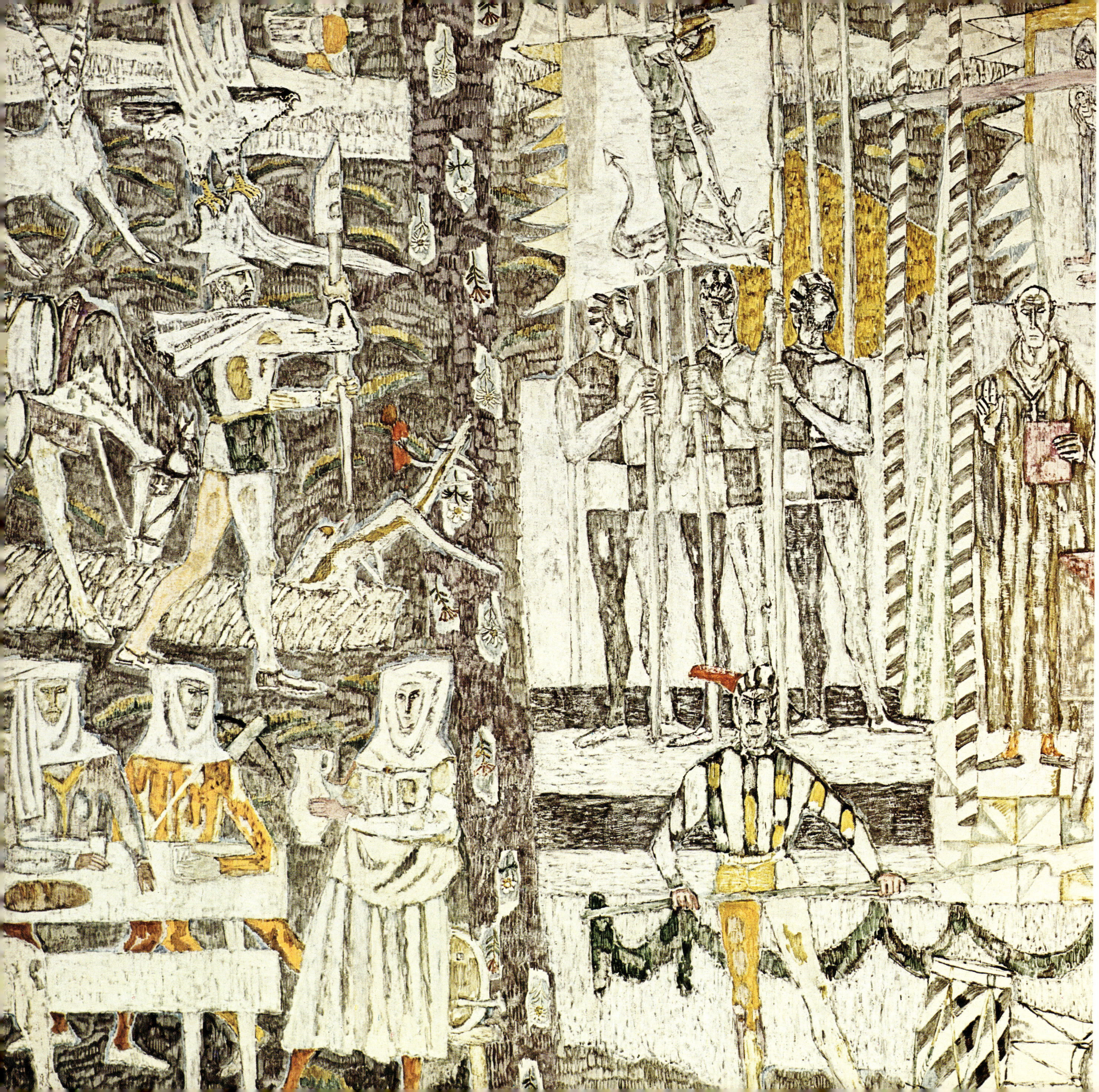

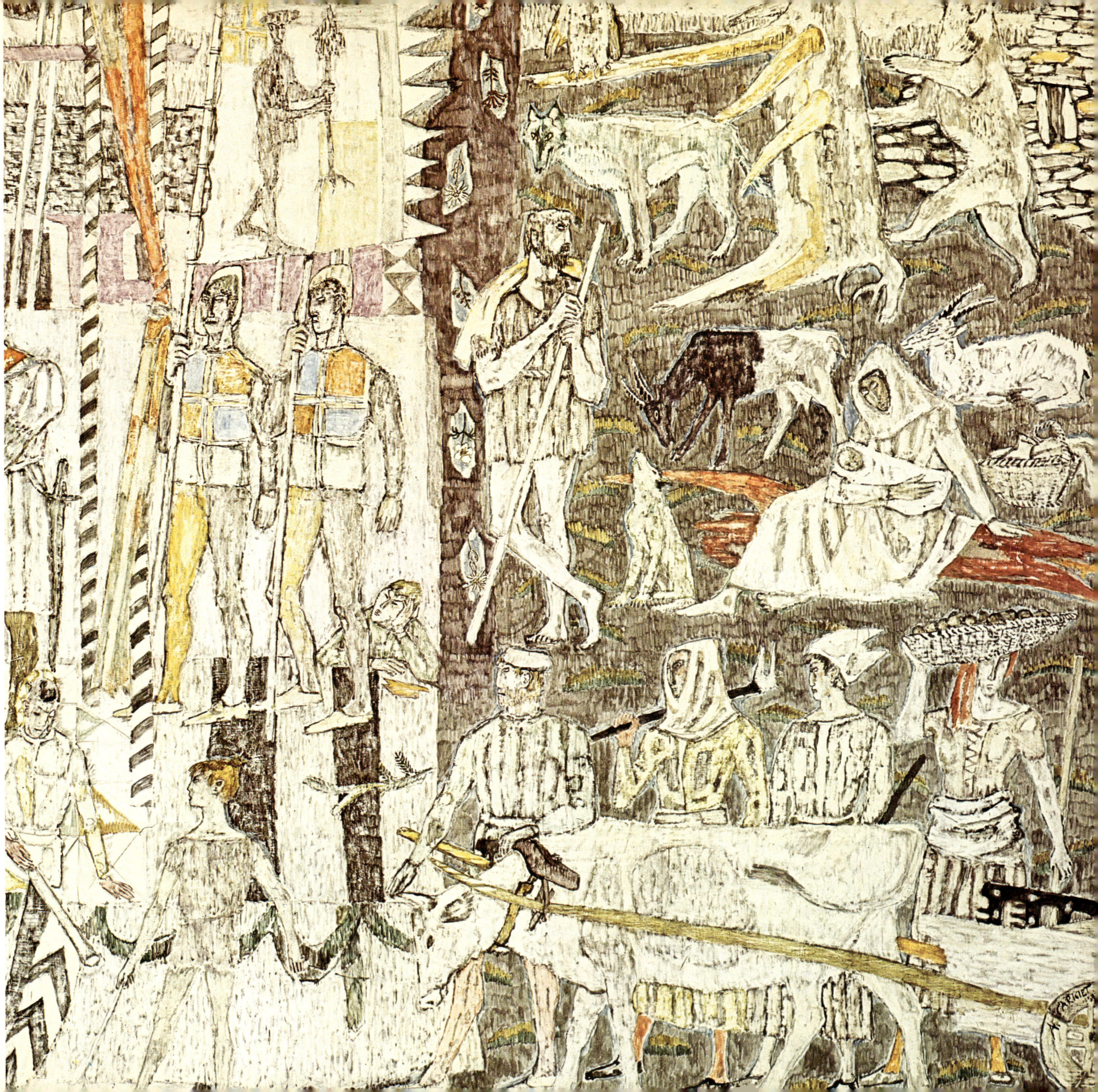

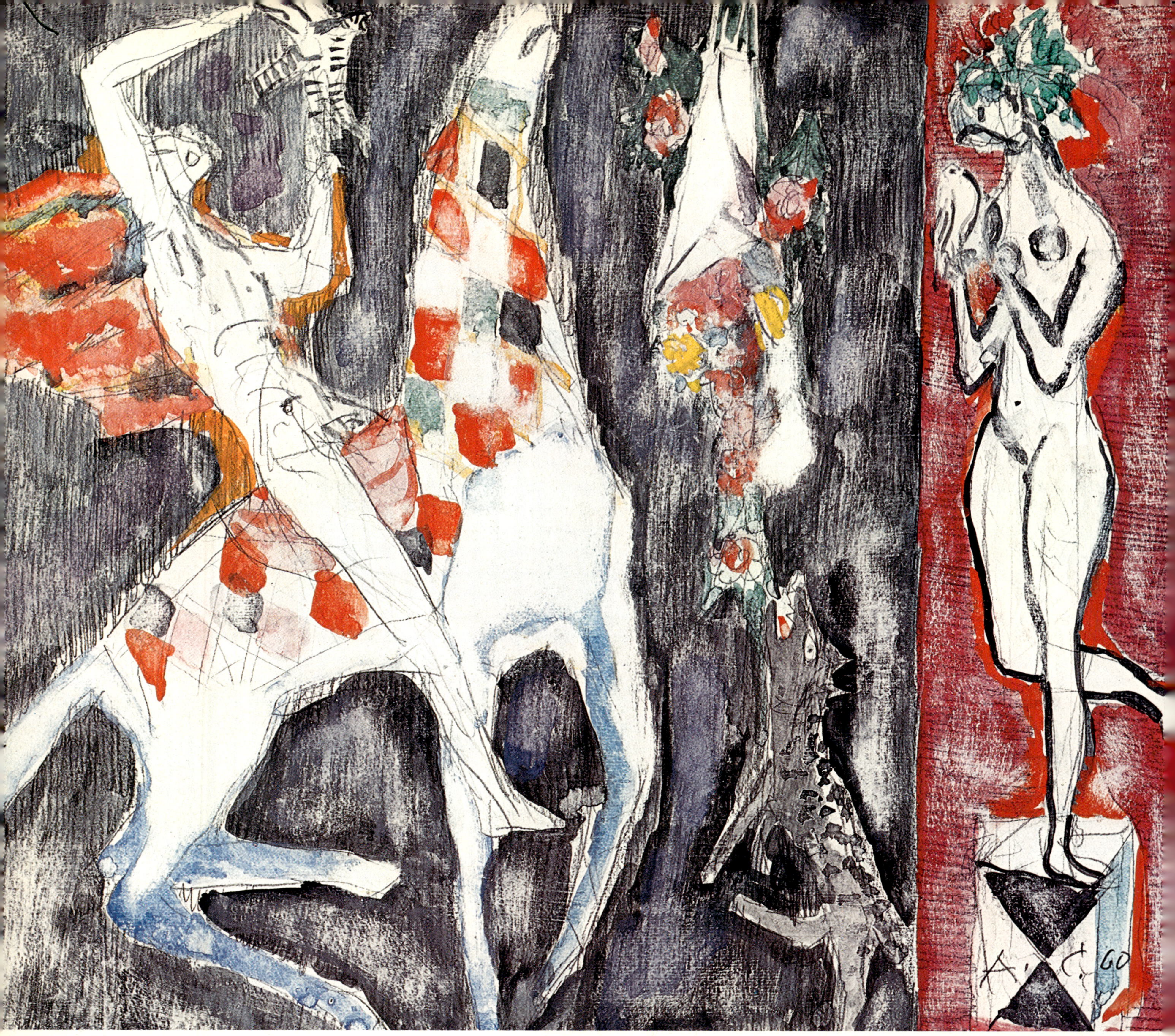

A. CARIGIET 60

124/125
Allegro con spirito, 1950–51
Wandmalerei, ca. 400 × 1000 cm (Ausschnitt)
Stadt Zürich (Muraltengut)

126/127
Zusammenschluss der Drei Bünde, 1958–61
Wandmalerei, ca. 600 × 1400 cm (Ausschnitt)
Kanton Graubünden (Grossratssaal Chur)

128/129
Entwurf zu Wandmalerei, 1960
laviertes Pastell, 31 × 73 cm

131
Im Facettenspiegel, 1973
nach Originallitho, 70 × 83 cm

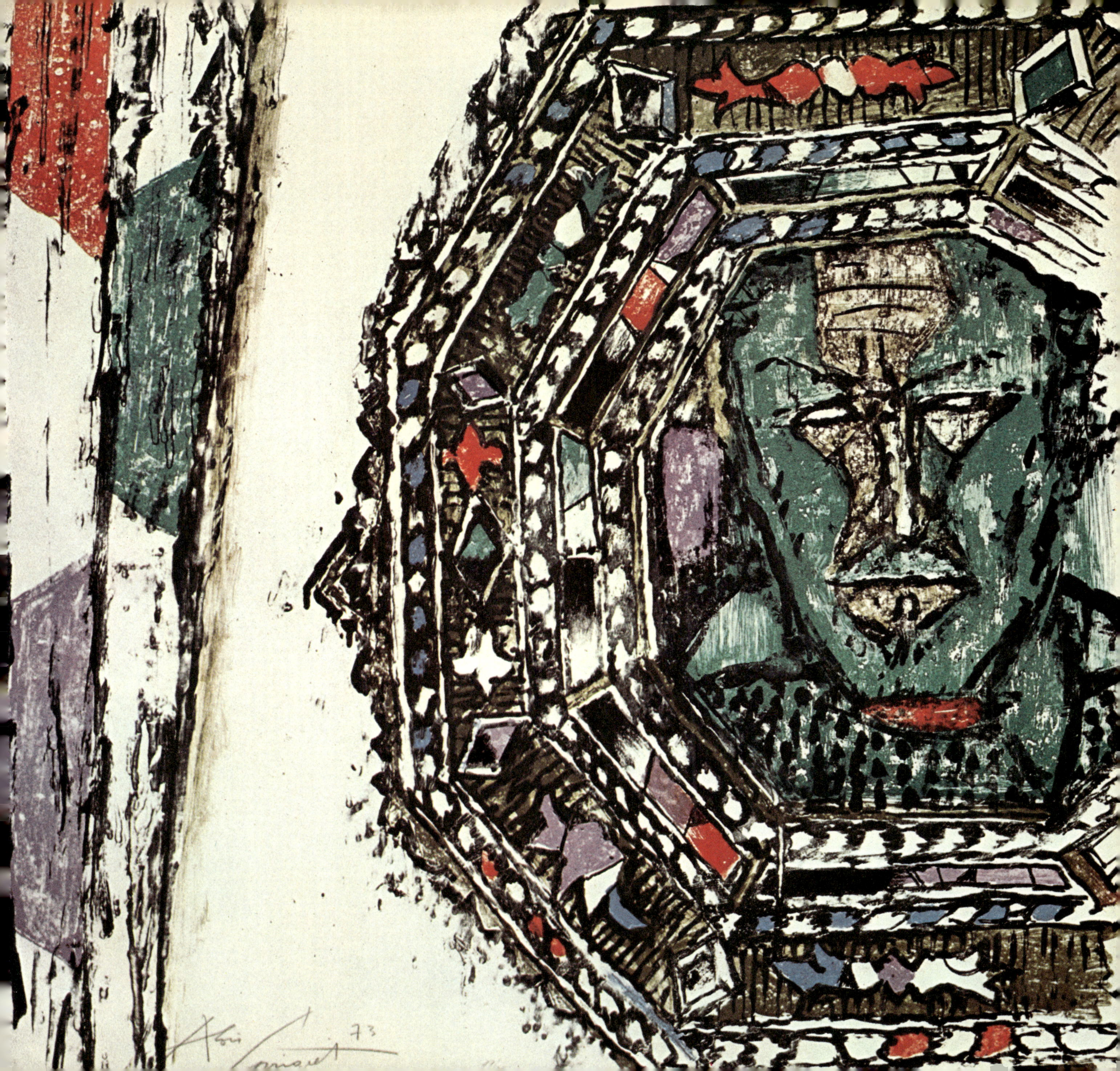

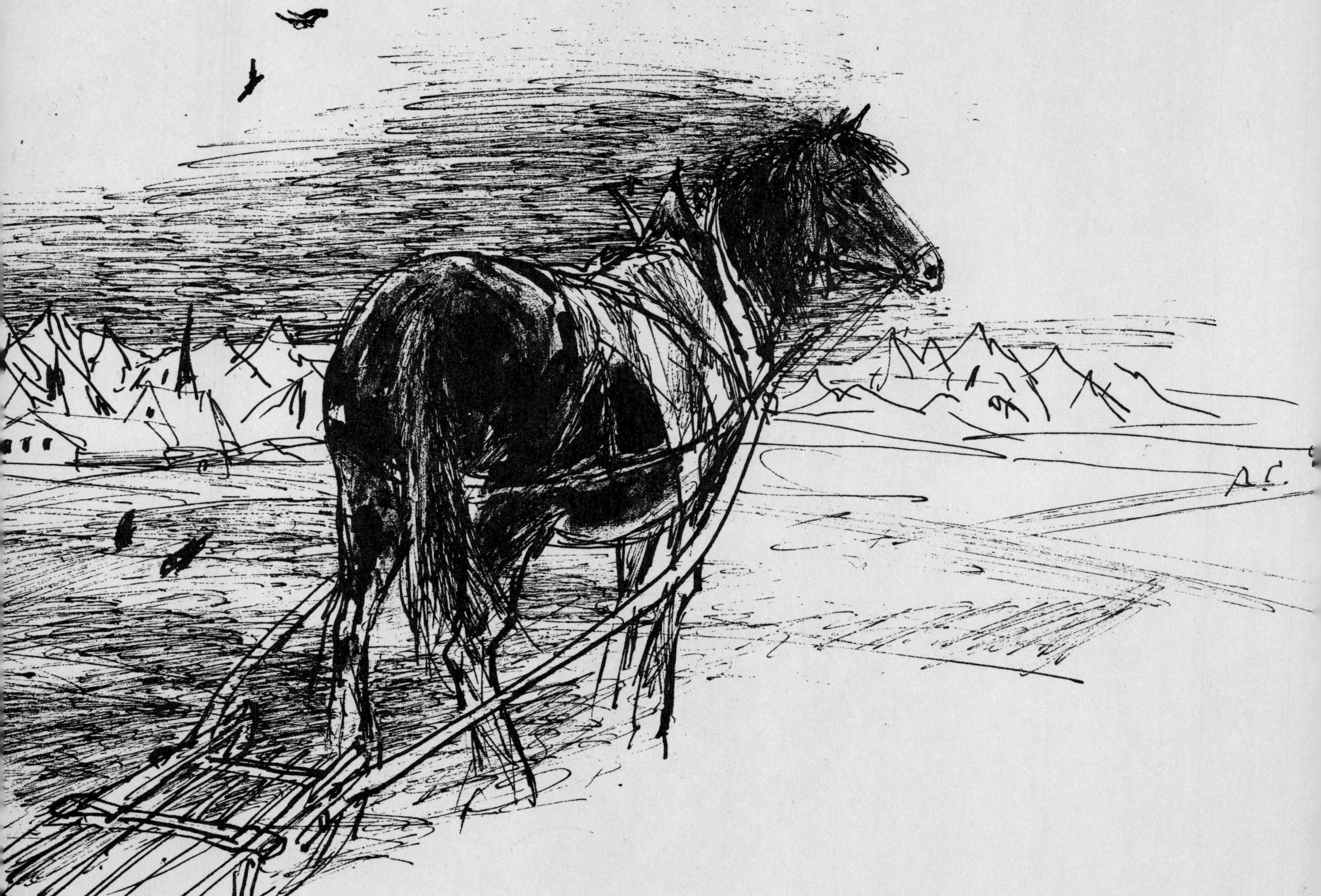

Der Facettenspiegel. Ein Lebensabriss von A.C.

In meiner holzgetäferten, von der Patina zweier Jahrhunderte rosagrau getönten Stube, im Hause am Sonnenhügel von «Flutginas», dem Wohnsitz meiner bäuerlichen Grosseltern mütterlicherseits, hängt ein Facettenspiegel. Er krönt, von zwei kleinen Kristalleuchtern flankiert, eine hohe geschnitzte ehemalige Mehltruhe, die mit Stilgefühl umgebaut und «zweckentfremdet» mein Tafelgeschirr birgt. Auf dieser Truhe geben sich die schönen Dinge ihr Stelldichein. Sie dienen keinem andern Zweck als dem, durch die ihnen innewohnende Harmonie und Spannung in Form und Farbe den Betrachter zu erfreuen. Da stehen gedrängt, doch nicht zufällig gruppiert: ein bunter Goggel aus tschechischem Porzellan, eine metallen schimmernde Eule, eine Rokokovase und sonst noch Vasen und Gläser, in denen lauter künstliche Blumen unbeschadet alle Jahreszeiten überdauern. Ich liebe diese feinen Gebilde – und dies trotz gelegentlichem Befremden meiner Besucher. Sie erinnern mich an die Rosen und Nelken, die meine Mutter in ihren kargen Mussestunden aus hauchdünnem Seidenpapier hervorzauberte und die dann den runden Tisch mit der Spitzendecke in unserer Stube schmückten. Wohl überfluteten echte Blumen in satter Überfülle von Frühling bis Herbst die Gärten und Felder, die unser Dorf säumten, und im Winter wuchsen Eisranken und Rispen an den Fensterscheiben. Ich hauchte Gucklöcher in den eisigen Schleier und ritzte ihn mit dem Fingernagel. Er antwortete kalt. Die Blumen meiner Mutter waren schöner. – An meinem Wandspiegel ist der breite Rahmen in viele Facetten gegliedert. Jede von ihnen reflektiert ihren besonderen Lichteinfall. Gemeinsam umschliessen sie die achteckige, etwas verschleiert schimmernde Spiegelfläche in ihrer Mitte, aus der mich immer, wenn ich sie befrage, mein eigenes Antlitz anschaut.

Im Geiste vor einem solchen Spiegel stehend, will ich das gebündelte Licht seiner Facetten einzufangen versuchen, damit der Leser daraus den Rahmen zusammenzufügen in der Lage sei, der mein Wesen umschliesst. Dass im Aufleuchten dieser kleinen Lichtquellen das Bild des Menschen selbst aus manchem Dunkel sich enthülle, ist mein einfaches und inniges Anliegen.

Das älteste Bild aus meinem Spiegelrahmen greift zurück in meine früheste Kindheit. Ich sehe mich als vielleicht zweijährigen Knirps in einem weiten weissen Röckchen auf einem grossen schwarzen Ofen sitzend, einen bunten Blumenstrauss an mich drückend, und ich sehe mich samt Blumenstrauss hochgehoben zu meinem Vater, der in Zylinder und wallendem rotem Mantel, auf weissem Pferde reitend, den Blumenstrauss entgegennimmt. Ja, Vater war Mistral. Dies ist die Bezeichnung für das an der Landsgemeinde im Klostergarten von Disentis verliehene höchste politische Amt der Cadi, unserer Talschaft am Vorderrhein.

An dieses erste Erinnerungsbild reihen sich zwanglos die Szenen im steinernen Vaterhaus am Kirchplatz, im Holzhaus von «Flutginas», in der Waldlichtung von Barcuns und in der Alp Nadéls. Besonders die drei letztgenannten Lebensräume haben meine Kindheit entscheidend mitgeprägt. In ihnen atmet die sonnige, aber auch herbe, rauhe und karge Bergwelt, umweht mich der Harzduft des Waldes und der beissende Rauch des offenen Herdfeuers in der «Tegia», der kleinen Berghütte auf Maiensäss Barcuns. Diese Hütte, bis zu den russgeschwärzten Dachbalken angefüllt mit einem unverwechselbaren Gemisch von Gerüchen nach frischgehacktem Holz, saurer Milch, Sahne und Schotte, war in meinen Bubenjahren der Ort der Behaglichkeit und Geborgenheit schlechthin.

Ich war meines Onkels Anton kleiner Knecht, und ich war stolz darauf. Doch jetzt, lieber Leser, da ich die Worte

Die Grosseltern Vaterseits.
Mein Grossvater war Major und ursprünglich Hauptmann
in päpstlichen Diensten.
Seine Frau war aus Obersaxen und war die Nichte
des ersten Bischofs von St Gallen.

«Onkel Anton» niedergeschrieben, sei das folgende eingeschoben:

Onkel heisst auf romanisch aug und Tante heisst onda. Ich besass also einen aug Toni, einen aug Teies, einen aug Laus und eine onda Neia. Mit diesen Namen in meiner Muttersprache verbinden sich lebendige Bildwerte. Als Knecht meines lieben aug Toni erlernte ich die für mein späteres Leben so entscheidende Freude am Tun schlechthin. Ich hackte Holz, ich lernte kochen, deckte und räumte den Tisch, ich wischte Stube und Küche, und ich molk die Ziegen. In meiner Erinnerung, mit dieser Arbeit beschäftigt, höre ich im leisen Singen des Milchstrahls im Kessel aug Tonis Stimme: «Wo ist denn heute die Gemsfarbene?» Ja, die Rote, die trächtig war, fehlte.

Doch jetzt leuchten in meinem Spiegelrahmen zwei Facetten gleichzeitig auf. Ihr gemeinsames Gewand ist die Nacht. Die erste der beiden Facetten erhält ihr warmes Licht von einer Kerzenflamme im verglasten Holzgehäuse einer kleinen Laterne. Ihr Lichtkreis wird durch den Holzrahmen in vier fächerartige Felder geteilt, die sich am Boden ins Dunkle verlieren. Lassen wir ihr Licht erzählen! Fest stand: die rote Ziege fehlte an jenem Abend. Umsonst hatte ich die Ausgerissene bis spät in die Abenddämmerung gesucht. Nach dem Abendbrot zündete aug Toni den Kerzenstummel im Glasgehäuse, und wir brachen gemeinsam auf. Wir suchten gegen Dalisch und Val Run, unter den «Hörnern» und in den Felsbändern unter Cuolm Barcuns. Die Lichtfächer unserer Laterne fielen dahin und dorthin, und unsere Rufe durchgeisterten die nächtliche Stille. Dann endlich, es ging schon gegen Mitternacht, kam aus der finstern Tiefe die Antwort, ein leises Schellengeklingel. Auf der untersten Felsbank, in einer kleinen Mulde, lag die Gemsfarbene und leckte ihr frischgeworfenes Kitz. Auf dem beschwerlichen Heimweg leuchtete

Die Familie meiner Mutter.
Sie bewohnte und bewirtschaftete den sonnigen Bauernhof von Flutginas ob Trun. (rechts im Bild meine Mutter)

aug Toni mit der Laterne voran. Am Glockenband zog er sachte die Rote hinter sich her, und ich folgte, so gut es angehen wollte, hintendrein. In meinen Armen trug ich das noch feuchte Zicklein.

Die folgende Facette widerspiegelt ähnliches Licht.

Wir, aug Toni und der kleine Luis, wie ich gerufen wurde, standen auf Barcuns mitten im Heuet. Der Tag hatte uns von der Morgenfrühe an hart zupacken lassen. Dies war ich gewohnt. Der heutige Tag jedoch hielt für uns beide eine besondere Überraschung bereit. Müde, wie wir waren, sah uns der Sonnenuntergang noch in beschwerlichem Anstieg in den Waldschneisen hoch über Barcuns. Unser Ziel war der hinterste Zipfel von Nadéls, die abgelegene «Val da Cauras», die Ziegenalp. Der aussergewöhnlich schwüle Mittsommertag hatte sich in den Legföhren und Staudeninseln der sonnenseitig gelegenen Steilhänge heissgebrütet, die lange Besprechung meines guten aug Toni mit dem Hirten uns länger als vorgesehen hingehalten, und so fiel denn auf dem Rückweg, als wir die Sümpfe querten, welche die Senke zwischen den Alpweiden und den sogenannten «Hörnern» füllen, die Nacht ein und mit ihr das Unwetter. Wir zündeten unsere Laterne an und beschleunigten die Schritte. Die bewaldeten «Hörner», den ausladenden Alpweiden weit vorgelagert, bergen alte verfallene Silberminen. Sie ziehen, wie es bei uns heisst, den Blitz an. Den vielen, von Blitzschlägen geschwärzten Tannenleichen waren meine überwachen Bubenaugen dort oben schon zur Genüge begegnet. Jetzt steckten wir also mitten in diesen berüchtigten «Hörnern», und dies in einer Gewitternacht. Ich gestehe, mir war jämmerlich zu Mute. Am liebsten hätte ich meine Angst hinausgeheult.

Das Wetter kam vom Crispalt über den Rubifirn und Cambrialas und griff nach den «Hörnern». Die schwarzen Tannenriesen schwankten und bogen sich unter den Peitschenhieben des

Die grosse Familie,
Wir waren elf Kinder. Heute leben von diesen noch sieben, drei Brüder und vier Schwestern. Bruder Josef (an den Baum gelehnt) wurde Priester, Bruder Zarli (auf Mutters Schoss) Coharetist und ich Maler (Bildmitte)

Sturmes, der die ersten Regentropfen wie Bleinüsse auf die Felsen um uns klatschte. Der Versuch, die Hölle zu beschreiben, die über uns hereinbrach, erstickt im Keime. Er ähnelt dem Bemühen unserer Laterne von damals, das Aufflammen der Blitze zu überblenden. Gleichzeitig mit ihrem geisterhaften fahlen Licht stürzte der Donner aus dem Himmel und ratterte wie schwere eisenbeschlagene Räder auf Kopfsteinpflaster die kreuz und die quer über unserer Angst. Die Redewendung «vom Giessen wie aus Eimern» genügt nicht. Nein, es war, so schien es mir, wie das Bersten eines Dammes, wie der Gletscherausbruch, von dem meine Mutter bei schwerem Wetter uns Kindern mit Beklemmung erzählte.

Unsere Laterne erlosch. Die Schritte meines Onkels, die die spärlichen Pausen zwischen den Donnerschlägen gefüllt hatten, verstummten. Dann drang aus dem Rauschen der Fluten, die vom Himmel stürzten, seine Stimme, – er betete. Undeutlich hörte ich die mir wohlbekannten Worte der Lauretanischen Litanei: *Mater creatoris, Mater salvatoris...* Wie oft hatte ich in der Kapelle von Darvella gedankenlos ihr Orapronobis vor mich hingeleiert! Doch nun, dies spürte ich, galt es ernst. Ich sass zusammengekauert und starb schier vor Angst. Von irgendwo aus dem Dunkel kam schliesslich aug Tonis Stimme: «Luis, hier, nimm die Streichhölzer und such die Laterne!»

Ich fand sie, und es gelang mir, sie nach vielen vergeblichen Versuchen zu zünden.

Der Regen liess nach. Wir erreichten den Zauntritt zum Maiensäss von Barcuns, überkletterten ihn und schritten müde und erschöpft die gemähten Wiesen hinüber zur «Tegia». Ohne Regenschutz von unserer Hütte aufgebrochen, waren wir durchnässt wie in den Teich Gefallene, und in meinen Schuhen gurgelte und gluckste es bei jedem Schritt wie in einem Wäscheeimer.

Schliesslich war es überstanden. Wir wechselten unsere Kleider und assen schweigend unser Abendbrot. Dann blies aug Toni die Petrollampe aus. Ich legte mich in das untere Schiebebett, das man etwas gegen den Stubenofen vorziehen konnte, und sank mit einem unsäglichen Gefühl bestandener Bewährungsprobe in die Kissen und in ihren herben Geruch nach Leinen, Heublumen und Farnkraut.

Diese in Einzelheiten sich ergehende Ausleuchtung der beiden nächtlichen Szenen geschah bewusst. Meine Knabenjahre im Berg, die ich in ihr anvisiert habe, waren für mein ganzes späteres Leben und Wirken im wahrsten Sinne des Wortes Grund und Boden. Sie versuchen, mein gesamtes ausgeprägt erdnahes Tun und mein heute mehr denn je deutlich werdendes Aussenseitertum zu erklären. Mein Weg war ein tastendes Suchen im dunkeln. Er war kein Schienenstrang. Er führte auf Um- und Irrwege. An Wegmarkierungen irgendwelcher Zeitströmungen hielt er sich nicht. Er war schicksalshaft mein ureigenster Weg.

In meinem neunten Lebensjahr verliess unsere grosse Familie das Bergdorf und zog in die Stadt. Für mich war es eine Emigration in die Niederung. Befragen wir die Facetten! Ich besuchte in der Stadt die Primarschule. In allen präzisen Fächern war ich ein mittelmässiger Schüler. Naturgeschichte und Geografie liebte ich. Auch in der Sprache, dem Aufsatz, wie es in der Schule hiess, fand ich mich trotz meines romanischen Herkommens bald zurecht. Das Fach, in welchem ich mich von Anfang zu Hause fühlte, aber war Zeichnen, Freihandzeichnen, wie es der Stundenplan präzisierte. Ein weisses Blatt Papier und ein Stummel Bleistift waren für mich, so ich beides auftreiben konnte, erfülltes Leben. Meistens besass ich sie nicht. Ich behalf mich mit der zerlesenen Zeitung meines Vaters und der Schere meiner Mutter. Mit ihnen konnte man zur Not ganze Herden von Tieren, Pferde, Schafe, Ziegen erstehen lassen.

Das Nest mit den Hagebutten

142
Das Nest mit den Hagebutten, ca. 1950
aquarellierte Zeichnung, ca. 20 × 12 cm

143
Eichelhäher, ca. 1950
aquarellierte Zeichnung, 11 × 23 cm

Ja, es war schon so, meine Freude am Zeichnen und Gestalten war eine echte Leidenschaft. Diese wurde so gross, dass sie mir ein Tellereisen an den Weg stellte, in das ich dann eines Tages auch blind hineintappte.

Ich entwendete einem Mitschüler ein kleines rostbraunes Täschchen aus gepresstem Pappkarton, dessen Inhalt die eigentliche Versuchung war. Es enthielt Farbstifte. Ich hatte solche bunte und für mich so unerreichbare Stifte schon öfters bei Kameraden gesehen. Sie wurden mein Schicksal.

Wegen Vernachlässigung meiner Hausaufgaben musste ich nachsitzen. Hundertmal «Ich habe meine Aufgaben nicht gemacht» hatte ich zu schreiben. Ich kam nicht sehr weit; denn plötzlich brach in mir etwas entzwei. Ich rebellierte. In der Schulzimmertüre drehte sich der Schlüssel. Der Schulabwart schloss auf und entliess mich in die Freiheit. In meiner Tasche trug ich die rostrote Schachtel mit den Farbstiften. Was wollte ich mit diesen für Wunder erstehen lassen! Rote und grüne und blaue Ziegen, die Herrschaft, die fünf Dörfer, den Vierwaldstättersee, blau ausgemalt mit roten Tupfen für die Ortschaften am Ufer, und am Rütli eine Schweizerfahne. Doch dazu kam es nie. Mein Gewissen schlug Alarm. Die Stifte zurücklegen? Sie behalten, verstecken? Ich versteckte sie – an jener Hausecke in dem kleinen Schacht, in den der Dachkännel von der Traufe herunter einmündet.

Dann kam die Sache ans Licht. Der Missetäter war nicht schwer zu ermitteln, blieb ich doch am Tag, da das Täschchen verschwand, allein im Schulzimmer zurück. Ich gestand.

Der Tag wurde für mich zum Albtraum. Wie von bösen Geistern gehetzt, lief ich durch die engen Gassen der Stadt. Einen Klassenkameraden sah ich von weitem aus unserer Wohnung zu ebener Erde herauskommen. Zu Hause wussten sie es also schon. Jetzt gab es nur augenblickliche Rückerstattung. Ich rannte zur

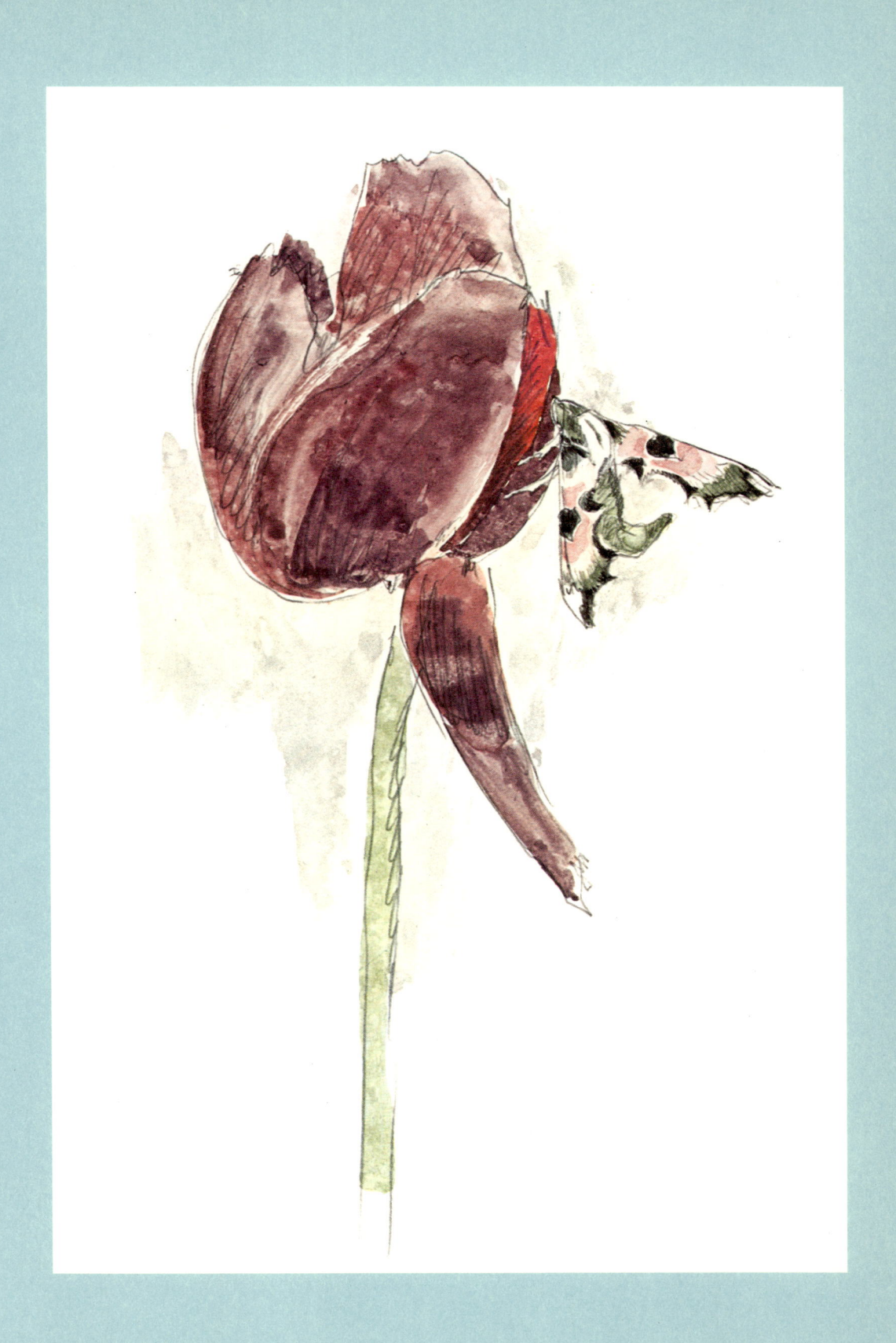

145
Der seltene Gast, ca. 1950
aquarellierte Zeichnung, 21×11 cm

Hausecke, hob den kleinen gusseisernen Deckel – und erstarrte. In einer braunen Lache lag aufgeweicht und vollkommen verformt die Pappschachtel, und rot und grün und gelb schwammen die Stifte. Aus dem Schrecken dämmerte es mir: der Regen, der gnadenlose Platzregen der vergangenen Nacht!

Irgendwie bin ich nach Hause gekommen. Wortlos wies mich mein Vater ins Bett. Meine Mutter weinte. Die Familie ass still ihr Abendbrot. Dann wurde ich gerufen. Ich hatte Abbitte zu leisten, vor jedem einzelnen Familienmitglied, im Nachthemd, auf den Knien. Autoritäre Erziehung? Ja, autoritäre Erziehung war es vermutlich schon, auch wenn dieser Begriff in meiner Kindheit noch nicht geboren war. Die Erziehungsmethode meines Vaters schlechthin als solche zu bezeichnen, gelingt mir aber heute noch nicht. Sie beruhte zum geringsten Teil auf Konvention und war nie anmassend. Sie bezog ihre Berechtigung aus seiner Persönlichkeit, seinem Menschsein. Wir Kinder akzeptierten sie. Unsere Bereitwilligkeit war das Geschenk unseres Vertrauens.

In jenen Jahren entdeckte meine Umwelt meine Schwerhörigkeit. Ich wurde zu Ärzten geschickt und schliesslich zu einem berühmten Kräuterpfarrer, der so weissbärtig war und so allmächtig wirkte wie der liebe Gott. Der träufelte mir Öl ins Ohr und entliess mich in eine immer leiser und im buchstäblichen Sinne unverständlich werdende Welt. Ein stilles In-sich-selbst-Versponnensein und eine Art Vereinsamung begannen mich einzuhüllen. Sie erschwerten mir den Umgang mit meinen Mitmenschen und vertieften anderseits das beginnende Zwiegespräch mit mir selbst. Die Kontaktschwierigkeiten infolge meines Gehörleidens begleiteten mich durch nahezu vierzig Jahre meines Lebens. Die Errungenschaften der Hörmitteltechnik haben dann diese Isolierung weitgehend aufgehoben. Die Spuren meines unfreiwilligen Abseitsstehens jedoch sind vermutlich in meiner

Arbeit heute noch erkennbar. Gehen wir noch einmal zurück zum Spiegelrahmen:

Nach zehn Jahren Schulbesuch trat ich in eine Berufslehre als Musterzeichner und Dekorationsmaler. Sodann wechselte ich mein Domizil und zog nach Zürich. Mit einer Mappe Zeichnungen unterm Arm gelang es mir, als Volontär in einem sogenannten Reklame-Atelier unterzukommen. Neben mir arbeiteten in dieser Offizin der spätere bedeutende konkrete Maler Richard Paul Lohse sowie mein nachmaliger Freund, der Kunstkritiker Hans Neuburg, der als Hauptautor dieses Buches zeichnet.

Der Beruf des Gebrauchsgrafikers behielt mich siebzehn Jahre. Gegen Ende dieser Zeit entdeckte mich ein Theaterrezensent für die Bühne. Ich gastierte als Bühnenbildner viermal am Stadttheater Zürich und wurde als solcher auch Mitbegründer des Cabarets Cornichon. Mit Ausnahme dieser Bühnenarbeit, die mir echte Befriedigung bereitete, erfüllte auch dieser zweite Beruf meine an mich selbst gestellte Anforderung nicht. Er brachte äusseren Erfolg und innere Leere.

Im Jahre 1939, nach einem erbarmungslosen Stress während den Vorarbeiten zur Landesausstellung, für die ich auch zwei Plakate schuf, kehrte ich zurück in den Berg, der Landschaft meiner Kindheit.

Der Anstoss, der diesen Exodus einleitete, ist bemerkenswert. Er basiert auf einem Traum. Dieses Traumgesicht entzündet seine besondere Facette. Sie leuchtet in meinen Schlaf. Erschöpft und ausgebrannt liege ich in einem Windbruch. Um mich nichts als Baumleichen, Astgewirr und Felstrümmer, alles von Nebelschwaden halbverhüllt. Hinter mir aber ragt eine einzelne Tanne. Ihr Wipfel verliert sich in den Wolken. Diese Tanne beugt sich zu mir herab und hebt mich mit ihren untersten Ästen wie mit zwei Armen zu sich empor. Ich schwebe in ihren Armen wie auf

Platenga, der kleine Weiler auf einer Terrasse am Nordhang
des Piz Mundaun. Vorne, neben der Kapelle der "Sunnefang".
Im Hintergrund die Tödikette.

Pfutginas, der Bauernhof meiner Grosseltern mutterseits.
In diesem Haus, im bergseits ausgebauten, grossen Atelier
arbeite ich heute.

Flügeln. Die Dunstschleier lichten sich, und dann liegt unter mir ein weites Nebelmeer, eingesäumt vom Muraun, der Garvera, dem Badus, der Oberalp und der goldenen Krone der Tödikette in ihrem schönsten Vorfrühlingskleid.

Wenige Monate später stand ich mit meinem Bruder Zarli am Mundaun hoch über den Terrassen von Purmaniga und Valengada. Vor uns lag die weite Landschaft der Surselva. Es war die Landschaft, die ich in meinem Traum geschaut. – Tief zu unseren Füssen zeigte ich meinem Bruder den Weiler Platenga und das «Hüs am Bach», das mit seiner blanken Fensterzeile zu uns heraufschaute und dem Tal den Rücken kehrte. In dieses leer- und verlassen-stehende Haus, in seine Abgeschiedenheit, hatte ich mich nach Übereinkunft mit dem Besitzer seit kurzem eingemietet.

Der Traum hatte sich erfüllt.

Der Berg hatte mich wieder.

Meines Brudes Ausspruch «Das ist die beste Idee deines Lebens», sollte sich in ungeahnter Weise bewahrheiten.

Der Volksmund besagt: Träume sind Schäume. Die Tiefenpsychologie unserer Zeit ist anderer Meinung. Ich bin nicht Traumdeuter. Doch hat die Erfahrung vieler Jahre Zusammenhänge zwischen bewusstem und unbewusstem Sein aufgedeckt, die ich nicht übersehen kann. Zweimal in meinem Leben, beide Male in der kritischen Phase einer Lungenentzündung, quälte mich der Traum von der menschenfressenden Ziege, die mich verschlang. Sie würgte mich in ihren Schlund. Die Bauchwände, gegen die ich mich verzweifelt stemmte, platzten, und der Wanst gab mich frei.

Den Traum von der bösen Kuh, mit der ich auf Tod und Leben kämpfte, träumte ich immer wieder dann, wenn ich vor schweren gestalterischen Problemen stand, im besonderen denen grosser Wandmalereien.

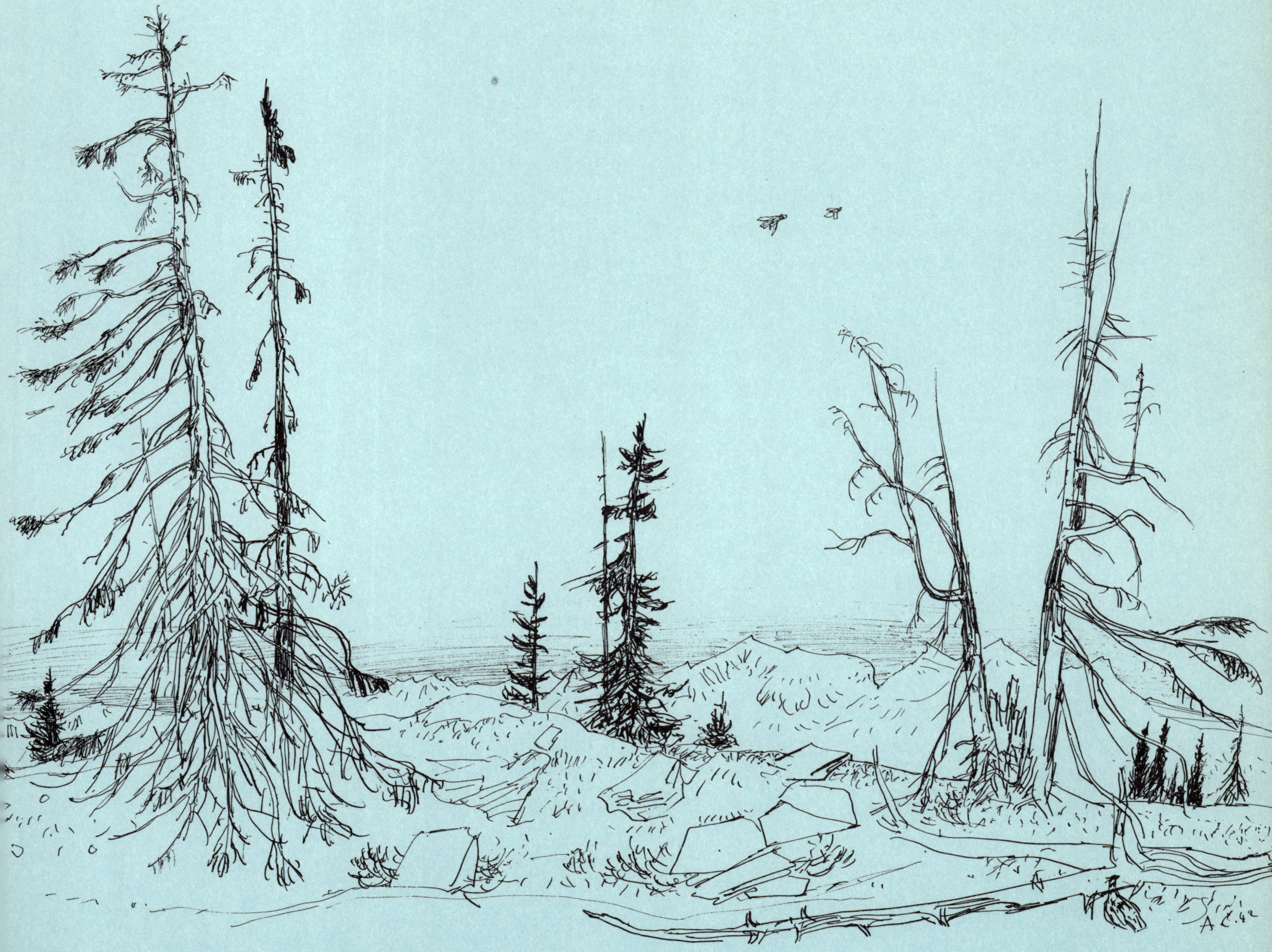
A C. 42

Zum Abschluss meines kleinen Lebensabrisses möchte ich noch kurz auf eine für mein Leben und Schaffen besonders bedeutsame Facette hinweisen. Sie reflektiert die nunmehr über zwanzig Jahre andauernde Phase meines hartnäckigen und langwierigen Leidens. Ich zog es mir durch ahnungsloses Einatmen giftiger Dämpfe eines Lösungsmittels zu, das ich bei der Ausführung meiner grossen Wandmalereien verwendete. Die mit diesem Leiden verbundenen schmerzhaften Beschwerden hemmen seit ihrem Anbeginn meine Bewegungsfreiheit. Sie umgeben mich mit einem Palisadenzaun und beengen Lebensweise und Lebensraum. Doch hadere ich nicht mit dem Schicksal, denn meine Schaffenskraft konnten sie nicht mindern. Nein, im Gegenteil, mein schöpferisches Bemühen, so wie ich es verstehe, wurde immer dringlicher und ist heute der wahre Motor meines Lebens.

Das Resultat meines Kampfes um die Verwirklichung meines Selbst aufzuzeigen, ist Aufgabe des vorliegenden Buches. Sollte es dem Leser und Betrachter gelingen, dessen mannigfaltige Facetten zu gliedern und aus ihnen den Rahmen zu fügen, in dessen Mitte der Mensch steht, ist diese Aufgabe erfüllt. Ich habe in meinem Lebensabriss «Der Facettenspiegel» bewusst den Menschen in den Mittelpunkt gestellt. Dies in der Meinung, dass die kunstkritische Wertung meines Schaffens ausserhalb des eigenen Urteils stehen soll.

Mein Credo als Mensch und als Kunstschaffender jedoch erscheint mir heute, in einer Zeit der Um- und Abwertung aller Werte, unabdingbar.

Ich bekenne mich in aller Einfachheit zu einem lebendigen und toleranten Christentum.

Ich fühle mich der Tradition verbunden.

Ich lehne alle Absolutismen ab.

153
Der böse Traum, 1947
aquarellierte Zeichnung, 20 × 25 cm

Ich glaube an die Evolution und verwerfe Gewaltanwendung zur Erzwingung von Veränderungen.

Ich nehme am Leben meiner Mitmenschen Anteil. Mein Engagement als langjähriger Mitarbeiter des Cabarets Cornichon war ein solches auf Gedeih und Verderb. Mein heutiges gilt dem Kampf gegen Pessimismus, gegen Hoffnungslosigkeit, gegen alles Morbide und gegen die durch kalten Intellekt gesteuerte Aushöhlung unseres Lebens.

Ich glaube an unverbrüchliche Werte und fühle mich ihnen verpflichtet.

Ich bejahe jede aus ehrlichem Empfinden erwachsende Kunstausdrucksform.

Ich heische Toleranz für meine eigene.

A.C. 42

Anhang

Biografie

1902 Am 30. August in Trun (Surselva GR) geboren als siebtes von elf Kindern, Vater war «Mistral da la Cadi» (Bezirkspräsident). Grossvater mütterlicherseits war ein «Allerweltskerl» der Fantasie, Beschaulichkeit und Vitalität. Carigiet heisst soviel wie «Haus des kleinen Richard» (Casa d'il Rigiet).

1911 Übersiedlung der Familie nach Chur. Besuch Alois Carigiets der normalen Schule, drei Jahre der Kantonsschule.

1918—1923
Dekorationsmalerlehre bei Maler Räth in Chur.

1923 Übersiedlung Alois Carigiets nach Zürich. Aufgabe des erlernten Berufs. Eintritt in ein Grafikeratelier (Max Dalang AG). Entwurf von Inseraten, Prospekten, Schaufenster-Dekorationen, Ausstellungen. Daneben Festdekorationen und Kostümentwürfe für die Zürcher Künstlermaskenbälle.

1927 Eigenes grafisches Atelier. Erste Plakate.

1933—1934
Gründung des Cabaret «Cornichon» zusammen mit Walter Lesch und Otto Weissert. Schaffung von Bühnenbildern, Dekorationen und Kostümen.

1939 Beginn der Platenga-Ära (Obersaxen). Zunächst mietweise Übernahme des «Haus am Bach». Anschliessend Auflösung des Zürcher Ateliers. Beginn des freien künstlerischen Schaffens.

1940 Erste Bilderausstellung in Chur.

1942 Heirat.

1945 Beginn der Arbeit an Kinderbüchern. 1. Kinderbuch «Schellenursli» mit Text von Selina Chönz.

1946 Bau des eigenen Hauses in Platenga, «Sunnefang», neben der Kapelle.

1946 Ausstellung im Museum zu Allerheiligen, Schaffhausen, zusammen mit Leonhard Meisser und Turo Pedretti.

1948 Erste namhafte Einzelausstellung im Museum Solothurn mit 77 Bildern, Zeichnungen und Lithografien. Katalogvorwort von Hans Neuburg mit einem Beitrag des Künstlers «Der Maler wendet wieder». Anwesend an der Vernissage Cuno Amiet und Louis Moilliet.

1948 Ausstellung im Musée de l'Athénée Genf.

1949 Erster Preis im Wettbewerb der Stadt Zürich für ein Wandbild im «Muraltengut». Ausführung unter dem Titel «Allegro con spirito» 1949–1951.

1950 Übersiedlung von Platenga nach Zürich. Aufträge für Wandbilder in der Kantonsschule Solothurn, im Schulhaus Lachenzelg in Zürich, im Sekundarschulhaus Rittermühle in Biel, im neuen Sekundarschulhaus Richterswil mit dem Titel «Pankraz der Schmoller».

1952 Ausstellung im Kunstsalon Wolfsberg. 2. Kinderbuch «Flurina und die Waldvögel» mit Text von Selina Chönz.

1956 Fassadenmalerei am «Schwarzen Adler» in Stein am Rhein mit dem Titel «Die schönen und guten Dinge des Lebens».

1957 3. Kinderbuch «Der grosse Schnee» mit Text von Selina Chönz.

1958—1960
Wandbild im Sitzungssaal des Bündner Grossen Rates Chur mit dem Titel «Zusammenschluss der Drei Bünde.

1960 Wandbild im Sitzungssaal des Schweizerischen Bankvereins Zürich mit dem Titel «Der Falkner». Nach und nach völlige Übersiedlung nach Trun «Flutginas», dem Grosselternhaus mutterseits.

1962 Ausstellung im Kunstsalon Wolfsberg Zürich. Ausstellung im Bündner Kunsthaus Chur.

1965 4. Kinderbuch «Zottel, Zick und Zwerg» mit Text von Alois Carigiet.

1967 5. Kinderbuch «Birnbaum, Birke und Berberitze» mit Text von Alois Carigiet.

1967 Retrospektive im Museum zu Allerheiligen, Schaffhausen, mit 91 Werken.

1969 6. Kinderbuch «Maurus und Madleina» mit Text von Alois Carigiet. Kreuz-weg-Malerei im Altersasyl Trun.

1971 Ausstellung in Frankfurt am Main. Ausstellung im Trudelhaus Baden AG.

1972 Ausstellung im Kongresshaus Davos. Ausstellung bei Orell Füssli, Zürich
1972 Siebzigster Geburtstag.
1973 Jubiläumausstellung im Bündner Kunsthaus Chur.
1976 Ausstellung in der «Kornschütte» des Rathauses Luzern.
1977 Fünfundsiebzigster Geburtstag.

Ausstellungen

1940 Bilderausstellung in Chur
1946 Museum zu Allerheiligen, Schaffhausen, mit Leonhard Meisser und Turo Pedretti
1948 Museum Solothurn
1948 Musée de l'Athénée, Genf
1951 Schweizer Grafiker, Helmhaus Zürich
1951 Städtische Kunstkammer zum Strauhof, Zürich
1952 Galerie Verena Müller, Bern
1956 Galerie Verena Müller, Bern
1957 Städtische Sammlung Thunerhof, Thun
1957 Galerie Orell Füssli, Zürich
1958 Schloss Arbon
1960 Kunstsalon Wolfsberg, Zürich
1961 Bündner Kunsthaus, Chur
1962 Kunstsalon Wolfsberg, Zürich
1962 Bündner Kunsthaus, Chur, Jubiläumsausstellung
1963 Bündner Kunsthaus, Chur
1964 Bündner Kunsthaus, Chur
1966 Galerie Orell Füssli, Zürich
1967 Museum zu Allerheiligen, Schaffhausen, Retrospektive
1970 Galerie im Rahmhof, Frankfurt a.M.
1970 Gemeindehaus Uster
1971 Kursaal Interlaken
1971 Galerie im Trudelhaus, Baden
1971 Galerie «Zur Richtmauer», Freiburg
1972 Galerie Orell Füssli, Zürich
1972 Kongresshaus Davos
1975 Kellergalerie Littau LU
1976 Galerie «Kornschütte» im Rathaus Luzern

Bibliografie Alois Carigiet

1945	Gasser Manuel, 2× Alois Carigiet, Graphis, Zürich
1945	Kern Walter, Der Maler Alois Carigiet, Werk, Zürich
1948	Neuburg Hans, Der Maler Alois Carigiet, Ausstellungskatalog Museum Solothurn
1950	Welti Arthur (wti.), Beste Plakate 1950, NZZ, Zürich
1950	E.L.B., Swiss Bell-Ringer, A Bell for Ursli, New York Times
1950	Carigiet Alois, Bilder aus dem Vorderrheintal, Atlantis, Zürich
1950	Geist Hans-Friedrich, Kinder-Bilderbücher in der Schweiz, Werk, Zürich
1951	Bickel Ilse, Schweizer Graphiker im Helmhaus, Die Zürcher Woche
1951	Seelig Carl, Eine festliche Malerei im Muraltengut, Schweizer Familien Wochenblatt, Zürich
1951	BWK, Zürichs neue Kunstkammer zum «Strau'Hoff», Neue Bündner Zeitung, Chur
1951	Neuburg Hans, Alois Carigiet, Tages-Anzeiger, Zürich
1951	Welti Arthur, Neue Kunst im Muraltengut, NZZ, Zürich
1951	Eichenberger Max, Einweihung eines Wandgemäldes im Muraltengut, Die Tat, Zürich
1951	WZ, Festliches Wandbild im Muraltengut, Neue Zürcher Nachrichten, Zürich
1951	Laufer Fritz, Ein neues Wandgemälde im Muraltengut, Tages-Anzeiger, Zürich
1952	-kh-, Galerie Verena Müller: Alois Carigiet, Berner Tagblatt
1953	Seelig Carl, Hausgemachte Kinderbücher, Der Landbote, Winterthur
1954	-z., Alois Carigiet und Hans Fischer als Kinderbuchmaler, Neue Bündner Zeitung, Chur
1954	(anonym), Alois Carigiet, Hans Fischer und Kinderbücher, Volksstimme, Chur
1955	Peer Andri, Drei Kinderbücher erobern die Welt, Domino, Zürich
1955	Schiele J.K., Kunst für jedermann, Hauszeitung Globus, Zürich
1955	G.S., Der Churer Kornplatz lebt weiter, Neue Bündner Zeitung, Chur
1956	Kasser Hans, Eine neue Fassadenmalerei in Stein am Rhein, «Schweiz», Schweizerische Verkehrszentrale, Zürich
1956	Scheidegger Alfred, Alois Carigiet, Galerie Verena Müller, Der Bund, Bern
1956	Vogt A.M., Die farbigen Häuser von Stein am Rhein, NZZ, Zürich
1956	Spescha Hendri, Aluis Carigiet alla galeria Verena Müller, Berna, Gasetta Romontscha, Mustér-Disentis
1957	Ganz P.L., Zürcher Bündner Künstler, Ausstellungskatalog Städtische Sammlung Thunerhof, Thun
1957	fl., vom Graphiker zum Maler, Die Woche, Olten
1957	Briner Eduard, Alois Carigiet bei Orell Füssli, NZZ, Zürich
1957	Jacometti Nesto, Galerie Hilt Basel, Ausstellungskatalog
1957	Gasser Manuel, Alois Carigiet, Die Weltwoche, Zürich
1957	Gerhard Franz, Alois Carigiet in der Galerie Hilt Basel, Basilisk, Basel
1958	Hugelshofer-Reinhart Alice, Künstlerische Elementar-Schulbücher, Graphis, Zürich
1958	H.M., Alois Carigiet in Arbon, Schloss Arbon, Thurgauer Zeitung, Frauenfeld
1958	Graf-Bourquin Albert, zur Carigiet-Ausstellung, Oberthurgauer, Arbon
1958	J.F., Der Bauer und der Harlekin, Tages-Anzeiger, Zürich
1959	J.E., Alois Carigiet, NZZ, Zürich
1960	Briner Eduard, Bilder von Alois Carigiet, NZZ, Zürich
1960	e.sch., Ausstellung im Kunsthaus Chur, Neue Bündner Zeitung, Chur
1960	-y-, Ein Märchenbuch aus dem Engadin, Oberbayerisches Volksblatt
1960	sp., «Seid einig, einig, einig», Der Freie Rätier, Chur
1960	r.g., Zwei Kunstmappen, Basler Nachrichten, Basel
1960	Laufer Fritz, Weihnachtsausstellung im «Wolfsberg», Der Landbote, Winterthur
1960	R.Sch., Kunstsalon Wolfsberg, NZZ, Zürich
1960	Briner Eduard, Moderne Graphik in St. Moritz, NZZ, Zürich
1960	pigico, Grazia eleganza umorismo nei cartelloni in Svizzera, Il nuovo cittadino, Genova

1960　Carigiet Alois, Vision vergangenen Lebens, Neue Bündner Zeitung, Chur
1960　L.M., Alois Carigiet und seine Bildermappe, Bündner Tagblatt, Chur
1960　Christoffel Ulrich, Carigiets Wandbild im Grossratssaal, Neue Bündner Zeitung, Chur
1961　-fh-, «Der Thurgau wird reich beschenkt», Thurgauer Zeitung, Frauenfeld
1961　Si., «Sie wurden ausgezeichnet», Tages-Anzeiger, Zürich
1961　Spescha Hendri, «Die Harlekinade», Neue Bündner Zeitung, Chur
1961　-A-, Bündner Künstler im Churer Kunsthaus, Der Freie Rätier, Chur
1961　Burgauer Arnold, Das schweizerische Plakat, Zürcher Unterländer, Bülach
1961　Burgauer Arnold, Das schweizerische Plakat, Der Zürichbieter, Bassersdorf
1961　Briner Eduard, «Die schöne Helena», NZZ, Zürich
1962　Peterli G., Kunsthaus Chur, Katalog
1962　Amstutz Walter, Who is Who in Graphic Design, Zürich
1962　pw., Alois Carigiet im Zenit seiner Laufbahn, Schweizer Illustrierte, Zofingen
1962　Spescha Hendri, Das Grosse Leuchten einer Kindheit, Neue Bündner Zeitung, Chur
1962　Spescha Hendri, La harlechinada, Gasetta Romontscha, Mustér-Disentis
1962　GP, Jubiläumsausstellung Alois Carigiet, Bündner Tagblatt, Chur
1963　Jacometti Nesto, L'Œuvre Gravée, Paris-Zürich
1963　E.F., Der Maler Alois Carigiet, Luzerner Neueste Nachrichten, Luzern
1963　wb., Der Maler und Graphiker Alois Carigiet, National-Zeitung, Basel
1963　Laufer Fritz, «Den Kopf voller Geschichten», Das Schaffen von Alois Carigiet, Tages-Anzeiger, Zürich
1963　A., Eine Carigiet-Monographie, Tages-Anzeiger, Zürich
1963　Briner Eduard, Alois Carigiet, NZZ, Zürich
1963　* Alois Carigiet, Eine grosse Bild-Monographie des Bündner Künstlers, Zürichsee-Zeitung, Stäfa
1963　Gieri Vincenz, Bündner Gemeindechronik Trun/Truns, Neue Bündner Zeitung, Chur
1963　-r., Aluis Carigiet, Jna monografia, Gasetta Romontscha, Mustér-Disentis
1964　Curjel Hans, «Alois Carigiets Suche nach dem Mass und Wert der Dinge», Landbote, Winterthur
1964　T.H., Aluis Carigiet, Gasetta Romontscha, Mustér-Disentis
1964　jk., Bedeutende Werke schweizerischer Plakatkunst, Der Landbote, Winterthur
1964　E.Sch., Alois Carigiet, Neue Bündner Zeitung, Chur
1964　Montalta Eduard, Salid ed auguri, Gasetta Romontscha, Mustér-Disentis
1964　Neuburg Hans, Brief an Alois, Zürcher Woche, Zürich
1964　G., Alois Carigiet, Der Freie Rätier, Chur
1964　M.S., Alois Carigiet, peintre de l'enfance heureuse, La Tribune de Genève
1964　an, Alois Carigiet, St. Galler Tagblatt, St. Gallen
1964　(me), Alois Carigiet und das Schwarze Brett des Plakates, Aargauer Volksblatt, Aarau
1964　ipsch. Plakate von Alois Carigiet, Volksrecht, Zürich
1964　Pernette, Alois Carigiet, Pro, Bern
1964　-g., Alois Carigiet, Der Bund, Bern
1964　P.H., Der Maler Alois Carigiet im Bildband, Neue Berner Zeitung, Bern
1964　(Eing.), Kunsthaus Chur, Neue Bündner Zeitung, Chur
1964　Laufer Fritz, Das verzauberte Plakat oder Carigiets Märchenwelt, Tages-Anzeiger, Zürich
1964　g.s., «Volière», Zeit
1964　Laufer Fritz, Lob des Provinziellen, Tages-Anzeiger, Zürich
1965　Jacometti Nesto, L'Œuvre Gravée, Paris-Zürich
1965　Chönz Selina, «Zottel, Zick und Zwerg», NZZ, Zürich
1965　Deplazes Gion, Retuorn a Casa, Gasetta Romontscha, Mustér-Disentis
1965　W.Z., Der «Weisse Adler» in Stein am Rhein, NZZ, Zürich
1965　Waldmann Elisabeth, Eine Geissenromanze, Domino, Zürich
1965　Manz Hans, «Cowboys, Hirten, Fischer und andere» (Kinderbücher), Zürcher Woche, Zürich
1965　H.R., Alois Carigiet, «Zottel, Zick und Zwerg», Die Tat, Zürich

1965 GP., Schweizer Künstler malen und zeichnen in Graubünden, Neue Bündner Zeitung, Chur
1965 Spescha Hendri, Zocla, Zila, Zepla, Gasetta Romontscha, Mustér-Disentis
1966 Hinn Vilma, Alois Carigiet, Une touche poétique, L'Abeille, Lausanne
1966 Carigiet Alois, Auf der Suche nach dem verlorenen Paradies der Kindheit, Die Weltwoche, Zürich
1966 Debrunner Hugo, Carigiet bei Orell Füssli, Die Tat, Zürich
1966 Laufer Fritz, Natur als Schicksal, Tages-Anzeiger, Zürich
1966 Briner Eduard, Alois Carigiet (Orell Füssli), NZZ, Zürich
1966 H., Gedränge um Carigiet, Die Tat, Zürich
1966 Wollenberger Werner, WW-Notizen, Carigiet, Zürcher Woche, Zürich
1966 Ln., Alois Carigiet-Monographie, Neuer Bücherdienst, Wien
1967 Bringolf Walther und Neuburg Hans, Museum zu Allerheiligen, Schaffhausen, Katalog
1967 Carigiet Alois, Künstlerischer Schmuck, Schulhaus der Mechanisch-Technischen Abteilung der Gewerbeschule der Stadt Zürich
1967 H., Ausstellung Alois Carigiet im Stadthaus, Die Tat, Zürich
1967 am-e., Zwei Welten, Vaterland, Luzern
1967 Neuburg Hans, A.C. der glückliche, Die Woche, Olten
1967 Fehrlin Gisela, Ein anderer Carigiet: Maler des Hintergründigen, National-Zeitung, Basel
1967 Busch Martin, Aluis Carigiet a Schaffusa, Gasetta Romontscha, Mustér-Disentis
1969 Neuburg Hans, Swiss Art in Canada, O'Keefe Center, Toronto-Ontario, (Katalog)
1969 H., Ausstellung Alois Carigiet im Kornhaus Rorschach, Ostschweizer Tagblatt, Rorschach
1969 pr., Mit dem Helikopter von der Druckerei nach Trun, Neue Bündner Zeitung, Chur
1969 Rüedi Peter, Unglaubliche Kreatur, Zürcher Woche, Zürich
1969 G.V., Eine neue Schöpfung von Kunstmaler Alois Carigiet, Bündner Tagblatt, Chur
1969 Carigiet Alois, Maurus und Madleina, Die Ostschweiz, St. Gallen
1970 Neuburg Hans, Maler, Märchenerzähler, Mystiker Alois Carigiet, Sonntag, Olten
1970 Lacher Hans Dr., Rebsamen August, Schulz Ernst Ludwig; Alois Carigiet, Galerie im Rahmhof, Frankfurt am Main, (Katalog)
1970 Hugelshofer Margot, Vom Märchenbuch zum Jugendkrimi, Tages-Anzeiger, Zürich
1970 di., Vernissage der Ausstellung Alois Carigiet im Gemeindehaus, Anzeiger von Uster
1970 Dickenberger Georg, Die Welt vor dem Haus, Frankfurter Neue Presse
1970 Ak., Kunst aus Graubünden, Offenbach-Post
1970 Giachi Arianna, Alois Carigiet, Frankfurter Allgemeine Zeitung
1970 Jy., Zur Ausstellung Alois Carigiet in Uster, Anzeiger von Uster
1970 Laufer Fritz, Wenig Enttäuschendes, spärliche Überraschungen, Tages-Anzeiger, Zürich
1970 von Mumm Georg, Aluis Carigiet a Frankfurt, Gasetta Romontscha, Mustér-Disentis
1971 -sg-, Eröffnung sommerlicher Kunstausstellungen in Interlaken, Berner Tagblatt, Bern
1971 Neuburg Hans, Alois Carigiet in Baden (Trudelhaus), Die Tat, Zürich
1971 Rettung von «Seldwyla», NZZ, Zürich
1971 Luzzato Guido L., Maurus e Madleina, La voce delle Valli, Roveredo
1971 Liechti Werner, Alois Carigiet in der Galerie «zur Richtmauer», Freiburger Nachrichten, Freiburg
1972 Rutz Marianne, Alois Carigiet, Der Maler Bündens, Mosaik, Zürich
1972 Bezzola Burtel M., 70 Jahre Alois Carigiet, tv, Radio-Zeitung, Zürich
1972 Metzker Philippe, Alpine Kunst im Gewerbemuseum, Bern, Katalog SAC
1972 P.A., Herbe Anmut, Alois Carigiet zum Siebzigsten, Neue Bündner Zeitung, Chur
1972 Neuburg Hans, Von Carigiet zu Lohse, Die Tat, Zürich
1972 K.R., Vernissage zur Kunstausstellung Alois Carigiet, Davoser Zeitung, Davos
1972 Isler Ursula, Allegro con spirito, NZZ, Zürich
1972 P.A., Bergnymphen-Welt, Neue Bündner Zeitung, Chur
1972 ne., Neue Werke von Alois Carigiet in der Galerie «Alter Bären» in Gummenen
1972 (sda), Alois Carigiet 70jährig, Grenzpost für den Zürichsee, Richterswil

1972 (sda), Alois Carigiet 70jährig, Allgemeiner Anzeiger vom Zürichsee, Wädenswil
1972 Rahn K., Natur, Tiere, Kinder, Clowns, Zu einer Carigiet-Ausstellung in Davos, Zürichsee-Zeitung, Stäfa
1973 Kuoni Tobias, Ansprache Jubiläumsausstellung in Chur, Gasetta Romontscha, Mustér-Disentis
1973 Cadruvi Donat, Aluis Carigiet a la Surselva, Gasetta Romontscha, Mustér-Disentis
1973 Spescha Hendri, Forza Creativa Flurenta, Gasetta Romontscha, Mustér-Disentis
1973 Condrau Gian, Una zun digna avertura, Gasetta Romontscha, Mustér-Disentis
1973 P.A., Viel Feierlichkeit um Alois Carigiet, Neue Bündner Zeitung, Chur
1973 Ribi E.A., «Gleichklang» – kritische Betrachtungen zu Alois Carigiet, Neue Bündner Zeitung, Chur
1973 Ribi E.A., Nach dem Jubel», Neue Bündner Zeitung, Chur
1973 P.A., Verspätetes Bekenntnis zu A.C., Neue Bündner Zeitung, Chur
1973 Hartmann Hans, Jubiläums-Ausstellung Alois Carigiet, Bündner Tagblatt, Der Freie Rätier, Chur
1973 (pic), Graubünden ehrt seinen grossen Sohn, Bündner Tagblatt, Chur
1973 Henny Ruedi, A.C. ganz privat, Bündner Tagblatt, Chur
1973 Ribi E.A., Nachbemerkungen zur Carigiet-Ausstellung im Bündner Kunsthaus, Der Freie Rätier, Chur
1973 (Korr.), Alois Carigiet erobert die Bündner Schuljugend, Neue Bündner Zeitung, Chur
1973 Isler Ursula, Alois Carigiet, Ausstellung im Kunsthaus Chur, NZZ, Zürich
1973 Neuburg Hans, Alois Carigiet Retrospektive Chur, Die Tat, Zürich
1974 Carigiet Alois, Zu Gast im Atelierhaus Trun GR, Stampa Romontscha, Condrau S.A., Mustér-Disentis
1974 (Corr.), Premi cultural grischuna per Aluis Carigiet e Leonhard Meisser, Gasetta Romontscha, Mustér-Disentis
1974 -y, A. Carigiet und L. Meisser Bündner Kunstpreisträger 1974, Bündner Tagblatt, Chur
1974 bz., Der Kirchenbote befragt den Maler Alois Carigiet, Kirchenbote, Schaffhausen
1974 (L.St.), Bundesrätlicher Besuch im Bündner Oberland, Bündner Tagblatt, Chur
1974 P.A., Hohe Ehrung in einem weiten Familienkreis, Kunstpreis für Alois Carigiet und Leonhard Meisser, Neue Bündner Zeitung, Chur
1974 Decurtins Alexi, A.C. – Zeichner, Graphiker und Kunstmaler, Bündner Tagblatt, Chur
1974 Decurtins Alexi, Surdada dil premi cultural grischun a Aluis Carigiet, Gasetta Romontscha, Mustér-Disentis
1974 We., Das Kinderbuch in der rätoromanischen Sprachlandschaft, NZZ, Zürich
1974 Kneubühler Theo, Alois Carigiets Kunst und Volkstümlichkeit, Kunst-Bulletin, Luzern
1975 (-fi)., Zwei Bündner Künstler auf dem Pez Ault, Bündner Tagblatt, Chur
1975 jv., Carigiet, der Maler der Bündner Bergwelt, Vaterland, Luzern
1975 fip., Den Privatkeller als Galerie eingerichtet, Alois Carigiet in Littau, Luzerner Neueste Nachrichten, Luzern
1975 jv., Von überzeugendem Eindruck, Vaterland, Luzern
1976 Neuburg Hans, Alois Carigiet in Luzern, Die Tat, Zürich
1976 Kneubühler Theo, Alois Carigiets Bilderbuch-Wirklichkeit, Vaterland, Luzern
1976 Bühlmann Karl, Die Abendrot-Romantik des Bündners Alois Carigiet, Luzerner Neueste Nachrichten

Bildverzeichnis

Seite 13
Schneeschmelze in Platenga, 1952
Öl, 75 × 90 cm
Privatbesitz

15
Das Schlafzimmer, 1947
Öl, ca. 40 × 50 cm
Privatbesitz

18
Grosse Volière, 1970
Öl, 110 × 130 cm

17
Die Schneehühner, 1971
Öl, ca. 40 × 45 cm
Privatbesitz

19
Volière, 1969
Öl, ca. 70 × 90 cm
Privatbesitz

20
Der Falke, 1971, Öl
ca. 40 × 45 cm
Privatbesitz

25
Grundsteinlegung, 1971
Öl, 152 × 172 cm
Privatbesitz

26
Zerfallender Gaden, 1976
Öl, ca. 55 × 90 cm
Privatbesitz

27
Der Gaden, 1970
Öl, ca. 40 × 60 cm
Privatbesitz

28
Kapelle von Laus, 1976
Öl, 70 × 90 cm

30
Trin, 1966
Öl, ca. 60 × 90 cm
Privatbesitz

31
St. Benedetg, 1966
Öl, ca. 60 × 90 cm
Privatbesitz

34
Flutginas, 1966
Öl, ca. 50 × 70 cm
Privatbesitz

35
Holztransport, 1971
Öl, ca. 50 × 70 cm
Privatbesitz

39
Der Stall von Stavons, 1969
Öl, ca. 130 × 150 cm
Privatbesitz

41
Auf der Strasse nach Ladir, 1969
Öl, ca. 150 × 190 cm
Privatbesitz

43
Dreikönigstag, 1969
Öl, ca. 90 × 110 cm
Privatbesitz

45
Schlittengefährt, 1958,
Öl, 83 × 118 cm
Privatbesitz

46
Ausfahrt, 1977
Öl, 89 × 55 cm

47
Heimwärts, 1977
Öl, 89 × 55 cm

48
Im Holz, 1976
Tuschzeichnung, 20 × 23 cm

49
Im Holz, 1976
Öl, 70 × 90 cm

52
Dem Zaun entlang, 1976
Tuschzeichnung, 17 × 21 cm

53
Dem Zaun entlang, 1976
Öl, 80 × 100 cm

56
Die Felsen von Schlans, 1976
Öl, 70 × 90 cm

57
Die Felsen von Schlans, 1976
Tuschzeichnung, 17 × 24 cm

58
Die Jäger, 1973
Tuschzeichnung, 24 × 18 cm

59
Die Jäger, 1973
Öl, ca. 130 × 110 cm
Privatbesitz

60
Raupenbagger, 1966
Öl, 110 × 130 cm
Privatbesitz

64
Der Schaufelbagger, 1975
aquarellierte Zeichnung, ca. 30 × 40 cm

65
Beschleunigung, 1975
aquarellierte Zeichnung, ca. 30 × 40 cm

66
Nach dem Lawinengang, 1975
aquarellierte Zeichnung, ca. 20 × 35 cm

67
Nach der Lawine, 1975
aquarellierte Zeichnung, ca. 20 × 35 cm

71
Die Sternsinger, 1973
Öl, ca. 150 × 190 cm
Privatbesitz

73
Ausfahrt ins Rosegtal, 1966
Öl, ca. 130 × 150 cm
Privatbesitz

75
Die Amazonen, 1974
Öl, 65 × 90 cm
Privatbesitz

77
Reiter bei Celerina, 1966
Öl, ca. 75 × 110 cm
Privatbesitz

79
Annemaria und Monica, 1942
aquarellierte Zeichnung, 46 × 43 cm

80
Pistenvolk, 1975
Öl, 130 × 90 cm

81
Skivolk, 1975
Öl, 130 × 110 cm

82
Frau im Park, 1964
Öl, ca. 70 × 45 cm
Privatbesitz

83
Das Badetuch, 1969
Öl, ca. 60 × 45 cm
Privatbesitz

85
Stilleben, 1952
Öl, 110 × 118 cm

88
Warenhaus, 1973
Öl, 100 × 80 cm
Privatbesitz

89
Frau am Lido, 1961
aquarellierte Zeichnung,
ca. 25 × 35 cm

90
Am Lido I, 1961
laviertes Pastell, 36 × 49 cm

91
Am Lido II, 1961
laviertes Pastell, 36 × 49 cm

92
Im Hafen von Aegina, 1962
aquarelliertes Pastell, ca. 45 × 60 cm
Privatbesitz

95
Frauen auf Cos, 1962
aquarelliertes Pastell, 60 × 80 cm

97
Das kleine Bad, 1974
Öl, 65 × 65 cm

99
Mädchen im Park, 1966
Öl, ca. 60 × 80 cm
Privatbesitz

100
Mädchen mit Dalmatiner, 1966
Öl, ca. 60 × 80 cm
Privatbesitz

103
Die alten Stühle, 1977
Öl, 110 × 130 cm

104
Tineli, 1963
Öl, ca. 60 × 40 cm
Privatbesitz

105
Lesendes Mädchen, 1963
Öl, 40 × 60 cm
Privatbesitz

106
Das Badezimmer, 1973
Öl, 110 × 130 cm

107
Das Mädchen Isidora, 1973
Öl, ca. 130 × 150 cm
Privatbesitz

108
Zwei Mädchen im Garten, 1976
Öl, 120 × 85 cm

109
Mädchen im Fauteuil, 1976
Öl, 120 × 85 cm
Privatbesitz

110
Der Brief, 1976,
Öl, 80 × 100 cm
Privatbesitz

111
Mädchen am Spinett, 1974
Öl, 80 × 80 cm
Privatbesitz

112
Mädchen vor dem Spiegel, 1958
aquarellierte Zeichnung,
ca. 35 × 35 cm

113
Evas Tochter, 1958
aquarellierte Zeichnung,
ca. 35 × 25 cm

114
Figur der Mitte, 1957
Öl, ca. 80 × 60 cm
Privatbesitz

115
Der Bunte, 1957
Öl, 120 × 110 cm
Privatbesitz

116
Tanz der Narren, 1977
Öl, 110 × 130 cm

118
Kassette, 1977
Öl, 85 × 85 cm

119
Werbung, 1977
Öl, 89 × 70 cm

121
Ornithologische Vitrine, 1977
Öl, 90 × 90 cm

123
Stilleben, 1977
Öl, 80 × 100 cm

124/125
Allegro con spirito, 1950–51
Wandmalerei, ca. 400 × 1000 cm (Ausschnitt)
Stadt Zürich (Muraltengut)

126/127
Zusammenschluss der Drei Bünde, 1958–61
Wandmalerei, ca. 600 × 1400 cm (Ausschnitt)
Kanton Graubünden (Grossratssaal Chur)

128/129
Entwurf zu Wandmalerei, 1960
laviertes Pastell, 31 × 73 cm

131
Im Facettenspiegel, 1973
nach Originallitho, 70 × 83 cm

142
Das Nest mit den Hagebutten, ca. 1950
aquarellierte Zeichnung, ca. 20 × 12 cm

143
Eichelhäher, ca. 1950
aquarellierte Zeichnung, 11 × 23 cm

145
Der seltene Gast, ca. 1950
aquarellierte Zeichnung, 21 × 11 cm

153
Der böse Traum, 1947
aquarellierte Zeichnung, 20 × 25 cm